AF523112

POSITIVES DENKEN

Optimismus auf Knopfdruck

Wie Sie durch positive Psychologie und kraftvolle Affirmationen sofort negative Gedanken loswerden, Ängste überwinden und effektiv Stress bewältigen

INHALT

Was Sie in diesem Buch erwartet

»Ein gesamtes Meer von Wasser kann ein Schiff nur versenken, wenn es in das Schiff gelangt. Ebenso kann Sie die Negativität der Welt nicht herunterziehen, wenn Sie nicht zulassen, dass sie in Sie eindringt.« (Goi Nasu)

Täglich hat der Mensch, laut wissenschaftlicher Studien, ungefähr 600.000 Gedanken. Allerdings sind bloß drei Prozent dieser Gedanken positiv. Sie kennen das sicher: Sie können abends nicht einschlafen oder sich tagsüber nicht konzentrieren, da Sie aus dem Grübeln nicht herauskommen. Immer wieder treten diese belastenden Gedanken auf und drehen sich im Kreis. Dadurch sind Sie ständig müde, ausgelaugt und unzufrieden.

Ihre Gedanken, Emotionen und Handlungen haben sich über viele Jahre hinweg automatisiert. Sie haben aufgehört, über diese zu reflektieren. Dadurch kennen Sie sich nicht so gut, wie Sie vielleicht glauben. Häufig können Sie selbst nicht einmal sagen, ob Sie glücklich sind, was Sie glücklich macht oder auch machen könnte. Ihre negativen Gedanken werden durch den sich selbst bestätigenden Kreislauf Ihrer Selbstzweifel, negativer Erlebnisse und Ängste, in dem Sie leben, weiter verstärkt. Dabei lässt sich positives Denken erlernen!

Jeder Mensch hat wahrscheinlich eine Vorstellung davon, worum es sich beim positiven Denken handelt. Allerdings halten Sie speziell mit dem Kauf dieses Buches das Rezept zur Manifestation und zur effektiven Nutzung eines positiven Geistes in den Händen. Sie werden – ohne dafür die Augen für die Realität zu verschließen – eine höhere Zufriedenheit und Lebensqualität erzielen, allein mit der Kraft Ihrer Gedanken. Denn positives Denken ist eine bewusste Entscheidung.

Nach dem Lesen dieses Buches werden Sie die Kraft positiver Gedanken im vollen Umfang kennengelernt haben. Außerdem werden Sie vollständig über die möglichen (körperlichen) Folgen einer ständig negativen Geisteshaltung informiert sein. Sie werden sich die Frage stellen müssen, ob Sie negativen Gedanken weiterhin Raum und Aufmerksamkeit schenken wollen oder ob Sie von nun an positive Gedanken und Glaubenssätze für ein zufriedeneres und authentischeres Leben im Hier und Jetzt etablieren wollen.

Worum es beim positiven Denken geht

Es existiert nichts auf der Welt, das entweder ausschließlich positiv oder negativ ist. Bei positivem Denken geht es weder darum, die Realität auf ungesunde Weise zu verdrängen oder zu verleugnen, noch darum, mit Scheuklappen durch das Leben zu »tänzeln«. Beim positiven Denken geht es darum, die Realität vollständig anzuerkennen und zu akzeptieren, sich von dieser aber nicht negativ beeinflussen zu lassen und sich ausschließlich auf das Positive zu fokussieren.

Positives Denken ist eine bewusste Entscheidung.

Sie können hier und jetzt entscheiden, positiven Geistes zu leben und davon in vielerlei Hinsicht zu profitieren, denn Sie werden eine höhere Zufriedenheit und Lebensqualität erzielen. Ab dem Zeitpunkt, an dem Sie akzeptieren, was jetzt ist, eröffnet sich Ihnen die Möglichkeit, Ihr Leben selbst in die Hand zu nehmen. Vielleicht können Sie nicht verhindern, dass negative Dinge geschehen. Das liegt außerhalb Ihrer Kontrolle und manche Situationen sind nun einmal wie sie sind. Aber Sie haben sehr wohl die Kontrolle und die Macht darüber, zu entscheiden, wie Sie darauf reagieren und wie Sie mit der Situation umgehen. Sie können entscheiden, sich den auszehrenden, negativen Gedanken und Gefühlen hinzugeben, oder aber Sie entscheiden sich dafür, die Situation anzuerkennen und Ihre Energie und Ihren Fokus auf die positiven Seiten zu richten. Ihre Energie ist ein wertvolles Gut, welches nicht leichtfertig verschwendet werden sollte. Alle Geschehnisse sind im Grunde genommen neutral, erst Ihre Bewertung derer lässt diese entweder positiv oder negativ werden.

Ihre Gefühle sind also keine Reaktion darauf, was Ihnen im Alltag zustößt, es sind Ihre Gedanken, die darüber bestimmen.

Wenn Ihnen das nächste Mal etwas Negatives widerfährt, können Sie sich beispielsweise folgende Fragen stellen:

- Welche positiven Aspekte kann ich aus dieser Situation ziehen?
- Könnte ich nicht vielleicht auch mit einem Gewinn aus dieser Situation hervorgehen?
- Kann ich etwas aus dieser Situation lernen?

Schon fokussieren Sie sich auf die positiven Seiten, was weitaus weniger ermüdend ist, als sich in Sorgen zu vertiefen. Folglich bedeutet das für Sie, dass sich Ihre Psyche und Ihr Körper auf andere Dinge konzentrieren können. Sie sind weniger abhängig von äußeren Umständen, allgemein energetischer, haben ein stärkeres Immunsystem, sind belastbarer, zufriedener und haben ein größeres Selbstbewusstsein.

Der Ursprung all Ihrer Handlungen und Gefühle sind Ihre Gedanken, also lohnt es sich, eine positive Grundhaltung zu kultivieren.

Grundsätzlich heißt positives Denken nichts anderes als Selbstbewusstsein.

Mit dieser Definition wird es zum Bestandteil Ihrer Psyche und das positive Denken hat nichts mehr mit Ihrem Problem zu tun, sondern mit Ihrer Lösung für dieses Problem. Sie haben die Fähigkeit, dieses von allen Seiten zu beleuchten und sagen zu können, dass Sie sich für stark genug halten, diese Situation oder Herausforderung zu bewältigen. Dabei spielt es erst einmal keine Rolle, dass Sie schon genau wissen, wie Sie das Problem lösen wollen. Wichtig ist nur Ihr Glaube daran, dass Sie es können.

Mit Naivität hat das Ganze in diesem Fall nichts zu tun, da Sie die Realität voll und ganz wahrnehmen können. Durch Ihr Selbstbewusstsein können Sie sich auf alle Probleme mit Zuversicht und produktiver

Energie einlassen. Selbstbewusstsein macht Sie emotional stabiler und Sie wirken anziehender auf andere Menschen. Ob bewusst oder unbewusst – andere Menschen nehmen Ihr Selbstbewusstsein wahr und reagieren wiederum darauf.

Wenn Sie wüssten, wie kraftvoll Ihre Gedanken sind, würden Sie niemals wieder einen negativen Gedanken hegen wollen. Wichtig ist allerdings, dass Sie nicht versuchen, zwanghaft positiv zu denken. Wenn man Ihnen sagt, dass Sie nicht an einen Elefanten denken sollen, woran denken Sie? Genau – an einen Elefanten. Ebenso verhält es sich mit negativen Gedanken. Je angestrengter Sie versuchen, nicht an etwas Negatives zu denken, desto stärker werden diese Gedanken und beginnen, vermehrt aufzutreten.

Hinzu kommt, dass Sie sich wohl möglich für Ihre negativen Gedanken verurteilen und sich fragen, warum Sie es nicht schaffen, Ihr Gemüt sonnig zu halten. Somit entstehen wiederum noch mehr negative Gedanken und Gefühle. Lassen Sie also locker! Positive Gedanken zu kultivieren ist ein Prozess, seien Sie geduldig mit sich selbst. Versuchen Sie, negative Gedanken nur als Gedanken zu betrachten. Keine Bewertung, kein Unterdrücken. Sie werden sehen, dass sich die negativen Gedanken von selbst verflüchtigen werden.

Außerdem ist es in Ordnung und vollkommen normal, wenn Sie zwischendurch gelegentlich einen schlechten Tag haben, denn das gehört selbstverständlich zum Leben dazu. Wichtig ist bloß, dass es nicht überhandnimmt. Betrachten Sie Niederlagen und Misserfolge als einen kurzfristigen Rückschlag, stehen Sie auf und machen Sie weiter!

Ihre Gedanken beeinflussen sogar Ihre Wahrnehmung. Damit unsere Sinne nicht überlastet werden, filtert unser Gehirn aus den Milliarden Informationen, die es täglich bekommt, nur das für uns heraus, was für uns relevant ist. Was unser Gehirn als relevant einstuft, hängt allerdings davon ab, woran wir häufig denken – völlig egal, ob positiv oder negativ. Ihre Wahrnehmung wird von Ihrem Gehirn folglich so gesteuert, dass Sie sehen, hören, fühlen und riechen, was Ihren Gedanken entspricht.

Was immer Sie also auf konstanter Basis in Ihren Gedanken haben, ist genau das, was Sie erleben werden.

> »Sie sehen in der Welt, was Sie in Ihrem Herzen tragen.«
> (Johann Wolfgang von Goethe)

Das Gesetz der Anziehung und die selbsterfüllende Prophezeiung

DAS GESETZ DER ANZIEHUNG

Im Gehirn haben positive Gedanken eine andere Frequenz als negative Gedanken. Ähnliche Frequenzen ziehen sich gegenseitig an, was bedeutet, dass Sie mit positiven Gedanken weitere positive Gedanken »anziehen«. Genauso verhält es sich, wenn Sie oft negative Gedanken hegen – Sie ziehen weitere negative Gedanken an. Auf diese Theorie stützt sich auch das sogenannte »Gesetz der Anziehung«.

Das Gesetz der Anziehung, oder auch Resonanzgesetz, besagt, laut Selbsthilfe- und Lebensberatungsliteratur, dass Gleiches wiederum Gleiches anzieht. Ausgegangen wird dabei von der inneren Einstellung einer Person. Diese Einstellung wirkt sich auf die äußeren Umstände aus. Diese Analogie zwischen der Außen- und Innenwelt wird sich zunutze gemacht, indem man durch Anpassung der persönlichen Einstellung zu gewissen äußeren Gegebenheiten eine analoge Änderung genannter Umstände im gewünschten Sinne zu bewirken versucht. Demnach erzeugt jeder positive oder negative Gedanke bestimmte Gefühle und »Schwingungen«. Diese übertragen sich von der erzeugenden Person wiederum – bewusst oder unbewusst – auf die Außenwelt und ruft dort entsprechende Wirkungen hervor. Fasst man dieses Prinzip simpel zusammen, besagt dieses Prinzip der Analogie, dass positive Gedanken und Einstellungen Positives anziehen. Folglich ziehen negative Gedanken Negatives an.

Ursprünglich stammt der Begriff »Gesetz der Anziehung« aus dem Jahre 1877 aus einem Buch der Okkultistin Helena Petrovna Blavatsky und wurde seither von weiteren Autoren aufgegriffen und verwendet. Im Jahre 2006 erschien der Film und das Buch »The Secret« von Rhonda Byrne und verlieh dieser Theorie neue Popularität. Heute basieren zahlreiche Erfolgs-Coachings und Lebensberatungen auf diesem Konzept.

DIE KRITIK AN DIESER THEORIE

Allerdings gibt es auch zahlreiche kritische Stimmen bezüglich der mitunter drastisch simplifizierten Formel der modernen Erfolgs-Coachings. Ihnen muss also bewusst sein, dass sich Ihre Wünsche nicht allesamt restlos erfüllen werden, wenn Sie es sich nur stark genug wünschen. Selbst die Verantwortung zu übernehmen und tätig zu werden, ist somit für das Erreichen Ihrer Ziele unerlässlich. Da es bei dem Gesetz der Anziehung zu Beginn um eine Veränderung der eigenen Perspektive und des Bewusstseins und später um eine Wandlung der Lebensumstände geht, kann allein diese Tatsache in einer Person schon eine Menge Positives bewirken. Wenn Sie für sich sehr gezielt formuliert haben, was Sie wollen, dann sind Ihnen meist auch die Schritte umso klarer, die Sie unternehmen müssen, um Ihre Ziele zu erreichen. Sie sind automatisch motivierter und haben Ihr Ziel konstant vor Augen, was essenziell zum Erreichen dieser Ziele ist.

Jedoch lässt sich das Prinzip von Ursache und Wirkung auf die Theorie des Gesetzes der Anziehung nicht so leicht anwenden. Stellen Sie sich beispielsweise vor, dass Sie Ihren Vorgesetzten um eine Gehaltserhöhung bitten wollen. Wenn Sie sich im Vorhinein schon vorstellen, wie Sie sich über Ihre genehmigte Gehaltserhöhung freuen, kann sich das auf Sie und Ihre Ausstrahlung überaus positiv auswirken. Sie wirken auf Ihren Vorgesetzten selbstbewusster, offener und freundlicher. Das hat wiederum Auswirkungen auf Ihr Gegenüber und kann dazu führen, dass Sie die Gehaltserhöhung tatsächlich erhalten. Allerdings lässt sich nicht beweisen, ob in diesem Fall das Gesetz der Anziehung oder andere psychologische Effekte gewirkt haben. Zudem ist das Gesetz der Anziehung kein »Gesetz« im wahrsten Sinne des Wortes. Man sollte diesen Begriff also mit Vorsicht genießen.

Das für das Gesetz der Anziehung sehr bedeutsame Visualisieren des bereits erreichten Ziels kann in manchen Situationen jedoch auch das Gegenteil bewirken. Das Gehirn glaubt dabei, laut Psychologen, dass Sie Ihr Ziel schon erreicht haben. Somit fühlen Sie sich weniger motiviert, etwas für das Erreichen des Ziels zu tun.

Ein weiteres Problem an der Beweisführung des Gesetzes der Anziehung ist, dass allgemein nicht darüber berichtet wird, wenn es nicht funktioniert. Die Medien werden nicht über einen vom Gesetz der Anziehung fest überzeugten Menschen berichten, der mit diesem bisher keine Erfolge zu verzeichnen hatte. Außerdem wird auch niemand über das Gesetz der Anziehung sprechen, wenn Tragödien geschehen. Einem Krebspatienten wird man nicht versuchen zu erklären, dass er oder sie die Erkrankung durch zu viele negative Gedanken angezogen hat.

Zusammenfassend lässt sich sagen, dass Ihnen eine positive Einstellung, vor beispielsweise einem Vortrag, helfen wird, entspannter und selbst vertrauter zu sein. Damit werden Sie ebenfalls einen positiven Einfluss auf Ihr Publikum nehmen und letztendlich wahrscheinlich erfolgreicher abschneiden als mit einer negativen Einstellung. Positives Denken erlaubt Ihnen, sich an Herausforderungen zu wagen, an deren Erfolge und vor allem an sich selbst zu glauben. Selbst wenn Menschen in Ihrer Umgebung nicht an den Erfolg eines bestimmten Vorhabens glauben, hilft Ihnen eine positive Einstellung dabei, sich über die Zweifel der anderen hinwegzusetzen und sich das Ganze dennoch zuzutrauen. Allerdings lässt sich nicht beweisen, dass es das Gesetz der Anziehung war, das Ihnen bei dem Erreichen Ihrer Ziele geholfen hat. Es könnte Ihnen schaden, sich zu sehr auf dieses »Gesetz« zu verlassen, da es Ihnen die Arbeit, um Ihr Ziel zu erreichen, nicht abnehmen wird.

Jedoch reagiert Ihr Umfeld auf die Signale, die Sie, bewusst oder unbewusst, senden und das können Sie sich zunutze machen.

Im Zuge dessen wird im Folgenden das psychologisch und soziologisch gründlich erforschte Phänomen der sogenannten »selbsterfüllenden Prophezeiung« erläutert.

DIE SELBSTERFÜLLENDE PROPHEZEIUNG

Das Konzept, oder das psychologische Phänomen, der sogenannten »selbsterfüllenden Prophezeiung«, wurde von Otto Neurath bereits 1911 erwähnt und im Jahre 1948 von dem Soziologen Robert K. Merton ausgearbeitet.

Die selbsterfüllende Prophezeiung besagt, dass eine Vorhersage selbst ihre Erfüllung bewirkt. Wenn Sie also eine Information über eine mögliche Zukunft erhalten, Sie ein bestimmtes Verhalten oder Ergebnis erwarten, übt das einen maßgeblichen Einfluss darauf aus, dass diese besagte Erwartung auch eintreten wird.

Der Gegenspieler der selbsterfüllenden Prophezeiung ist die selbstzerstörende Prophezeiung. Dieser entgegengesetzte Effekt tritt dann ein, wenn durch das eigene Zutun dafür gesorgt wird, dass ein Ereignis oder Ergebnis nicht eintritt.

Wenn Sie darüber nachdenken, was bestimmte andere Menschen über Sie denken, beeinflusst das Ihre Handlungsweise gegenüber diesen Personen. Das nimmt wiederum Einfluss auf deren Denken über Sie, was schlussendlich Ihre ursprüngliche Erwartungshaltung bestätigt. Ihre Einstellung wird gefestigt. Diese tief verankerten Überzeugungen nennen sich »Glaubenssätze«.

Bei Glaubenssätzen geht es meist um das eigene Selbstbild und um das der Außenwelt. Ihre Glaubenssätze besitzen einen enormen Einfluss auf Ihre Wahrnehmung der Realität. Welche Interpretation oder Wertung Sie einem Ereignis zuordnen, hängt also von Ihren Glaubenssätzen ab. Außerdem bestimmen Sie, neben Ihrem Denken, maßgeblich Ihr Handeln. Tatsächlich liegen Ihre Glaubenssätze aber meist in Ihrem Unterbewusstsein.

Aus diesem Grund ist es sehr wichtig, sich seiner Glaubenssätze bewusst zu werden und negative Glaubenssätze in positive umzuwandeln.

Da dieses Konzept recht abstrakt ist, werden Sie im Folgenden erst einmal einige anschauliche Beispiele zu der selbsterfüllenden Prophezeiung im Allgemeinen finden.

Der Pygmalion-Effekt

Die Studie der amerikanischen Psychologen Robert Rosenthal und Lenore Jacobson etablierte den sogenannten »Pygmalion-Effekt«.

In den 1960er-Jahren führten Rosenthal und Jacobson die Studie in einer US-amerikanischen Grundschule durch. Zu diesem Zweck wählten sie per Zufallsprinzip einige Schüler aus und behaupteten vor den Lehrern nach einem Intelligenz-Scheintest, dass Sie von diesen Schülern in näherer Zukunft große Leistungssteigerungen zu erwarten haben, da diese speziellen Schüler sehr begabt seien. Der Test nach einem Jahr ergab, dass diese Schüler ihre Leistungen gegenüber der Kontrollgruppe tatsächlich deutlich stärker gesteigert hatten.

Die Erwartungshaltung der Lehrer hat ihr Verhalten gegenüber den ausgewählten Schülern beeinflusst. Das führte dazu, dass die Schüler ihre Leistungen durch beispielsweise den häufigeren Gebrauch von Lob, Tadel und höherer Geduld ihnen gegenüber steigerten. So wurde die Prophezeiung der Wissenschaftler wahr.

Die Unfallgefahr bei Senioren

Wie bereits beschrieben, kann die selbsterfüllende Prophezeiung auch zu negativen Ergebnissen führen, wie eine Studie des British Medical Journey zeigte.

Dabei fanden sie heraus, dass Senioren, die erhöhte Angst vor einem möglichen Sturz haben, viel wahrscheinlicher einen derartigen Unfall erleiden werden als andere Senioren, die sich weniger Sorgen über solche möglichen Ereignisse machten.

Die Finanzkrise

Wenn ein Gerücht umhergeht, dass einer Bank die Insolvenz droht, kann dies dazu führen, dass eine Vielzahl ihrer Kunden ihr Geld von der Bank nehmen. Das kann die Bank daraufhin tatsächlich in eine Finanzkriese stürzen. Je glaubwürdiger die Quelle des Gerüchts, desto wahrscheinlicher das Verhalten der Kunden.

Die Angst vor dem Versagen

Wenn Ihnen ein wichtiger Test bevorsteht und Sie mit einer negativen Erwartungshaltung an sich selbst in die Prüfung gehen, dann ist es sehr wahrscheinlich, dass sich Ihre schlechten Erwartungen bewahrheiten. Durch den unbewussten Einfluss dieser Prophezeiung steigt die Wahrscheinlichkeit, dass Sie tatsächlich schlecht abschneiden, drastisch an, da sich Ihr Verhalten dementsprechend ändert.

Der Placebo- und der Nocebo-Effekt

Die wohl bekannteste Form der selbsterfüllenden Prophezeiung stellt der Placebo-Effekt in der Medizin dar. Unter Placebo versteht man bestimmte Präparate, zum Beispiel Tabletten, welche völlig frei von jeglichen medizinisch wirksamen Inhaltsstoffen sind. Tatsächlich kann bei einer positiven Erwartungshaltung eines Patienten beispielsweise eine Schmerzlinderung nach Einnahme des Placebos oder Scheinmedikaments eintreten. Placebo-Medikamente werden im Besonderen in der klinischen Forschung eingesetzt, um als Kontrollsubstanz in Studien zu dienen. Auch die Wirksamkeit der Homöopathie und anderer alternativmedizinischer Verfahren lässt sich auf den Placebo-Effekt zurückführen.

Der Nocebo-Effekt verhält sich analog zum Placebo-Effekt. Das Wissen um mögliche schädliche Auswirkungen einer beispielsweise medikamentösen Therapie, der man sich zu unterziehen glaubt, kann dazu führen, dass sich der Zustand des Patienten tatsächlich verschlechtert. Wenn man sich zum Beispiel die möglichen Nebenwirkungen eines Medikamentes in der Packungsbeilage durchliest und dieses Medikament mit der Erwartungshaltung einnimmt, wahrscheinlich einige dieser Nebenwirkungen erleiden zu müssen, wird dies mit einer höheren Wahrscheinlichkeit eintreten.

Auch die Forschung kann stark von der Wirkungsweise der selbsterfüllenden Prophezeiung beeinflusst werden. Um dem entgegenzuwirken, werden meist »Doppelblind-Studien« durchgeführt. Diese Doppelblind-Studien beruhen auf dem Prinzip, dass weder die Forscher noch die Teilnehmer wissen, wer sich von den Teilnehmern unter der Test- oder Kontrollgruppe befindet. Dadurch wird verhindert, dass durch unbewusstes Verhalten die Studienergebnisse verfälscht werden.

Wie sich negative Glaubenssätze auswirken

Wie zu Beginn des Kapitels bereits erwähnt, bestimmen Ihre Glaubenssätze Ihre Gedanken. Ihre Gedanken bestimmen wiederum Ihr Handeln und damit Ihre Wirkung auf Ihr Umfeld, welches letztendlich wieder auf Sie reagiert. So formen Sie sich Ihre Realität. Unbewusst werden Sie immer nach Bestätigung Ihrer Glaubenssätze suchen. Sind diese Glaubenssätze negativer Natur, werden sich diese im Laufe Ihres Lebens immer tiefer in Ihrem Inneren verankern, da Sie immer wieder dieselben, mit Ihren negativen Glaubenssätzen verbundenen, negativen Erfahrungen machen werden. Dadurch werden Ihre Glaubenssätze bestätigt und setzen sich fest. Hier kann man ebenfalls von der selbsterfüllenden Prophezeiung sprechen.

Stellen Sie sich vor, Sie wurden unerwartet von Ihrem Arbeitgeber gekündigt. Sie könnten jetzt einerseits denken, dass Sie einfach nicht gut genug sind und Sie deshalb unter einem Vorwand gekündigt wurden. Sie sind zerknirscht, schämen sich und haben Angst, dass Ihr Umfeld Sie für einen Versager hält. Wenn Sie jetzt versuchen, sich auf einen neuen Job zu bewerben, wird es eher schleppend verlaufen, da Sie sich wenig selbstbewusst präsentieren und Sie letztendlich Ihre Ansprüche an einen neuen Job verringern – Hauptsache, Sie werden irgendwie fündig. Letztendlich geraten Sie aufgrund Ihres negativen Glaubenssatzes vielleicht an einen Job, welchen Sie definitiv nicht als Ihren Traumjob bezeichnen würden und der schlimmstenfalls auch noch schlechter bezahlt ist als Ihr vorheriger Job.

Andererseits könnten Sie die Sache aber auch positiv sehen. Vielleicht wurden Sie gekündigt. Das heißt aber noch lange nicht, dass Sie nicht gut und keine wertvolle Arbeitskraft wären. Wahrscheinlich geht es dem Unternehmen aktuell schlecht und leider mussten aus diesem Grund Stellen gestrichen werden. In keinem Fall sind Sie schuld daran. Und möglicherweise könnte diese Situation auch eine Chance für Sie bedeuten! Jetzt bietet sich Ihnen die Gelegenheit, einen vielleicht noch besseren Job mit einer höheren Bezahlung zu ergattern. In jedem Fall werden Sie schon bald eine gute, neue Stelle finden. Statt sich für Ihre Kündigung zu schämen, werden Sie aktiv und gehen auf Ihr soziales und berufliches Umfeld zu. Über Kontakte erhalten Sie Tipps zu offenen Stellen und setzen sich selbstbewusst und zuversichtlich an Ihre Bewerbungen. Statt sich zu ärgern, sollten Sie diese Situation zu Ihrem Vorteil nutzen! Schon bald werden Sie den Arbeitsvertrag für Ihren neuen und besseren Job unterzeichnen können.

In beiden dieser Fälle zeigt sich, dass Ihre Glaubenssätze Ihr Denken und damit Ihr Handeln beeinflussen. Dadurch bestätigen sich diese Glaubenssätze als selbsterfüllende Prophezeiung.

Ihre negativen Glaubenssätze durch positive zu ersetzen, ist also äußerst erstrebenswert. Sie werden dafür eine Menge Geduld, Selbstdisziplin, Willenskraft und Kritikfähigkeit mitbringen müssen, aber es wird sich garantiert lohnen!

Wie Sie das Phänomen der selbsterfüllenden Prophezeiung für sich nutzen können

Diese vorangegangenen Beispiele zeigen, wie sehr Ihre Erwartungshaltung die tatsächlichen Ergebnisse beeinflusst. Dieses Wissen können Sie sich zunutze machen.

Wie Sie jetzt wissen, funktioniert das Phänomen der selbsterfüllenden Prophezeiung ohne viel Aufwand. Glauben Sie daran, etwas erreichen zu können, erhöhen Sie tatsächlich Ihre Chancen, dies auch wirklich zu tun. Fürchten Sie wiederum eine »Katastrophe« so sehr, ziehen Sie sie an. In beiden Fällen verhalten Sie sich Ihren Erwartungen entsprechend und Ihre Umwelt reagiert darauf. Sie können also entscheiden, mit welcher Einstellung Sie einer Situation begegnen.

Natürlich stellt es eine Herausforderung dar, stets an die eigenen Fähigkeiten und das Erreichen seiner Ziele zu glauben. Es ist absolut menschlich, sich hin und wieder bei Selbstzweifeln zu erwischen. Im Folgenden finden Sie einige Hilfestellungen, wie Sie positive Erwartungen formulieren und an diese glauben können.

- **Es ist in Ordnung und wichtig, Träume zu haben.** Halten Sie an Ihren Träumen und Wünschen fest und hören Sie nicht auf, für das Erreichen dieser Ziele zu arbeiten. Beschränken Sie sich außerdem nicht bloß auf die Erfolge, die Sie bereits zu verzeichnen haben, denken Sie groß!

- **Stellen Sie fragen an sich selbst,** um Ihre positiven Erwartungen formulieren und manifestieren zu können. Derartige Fragen könnten beispielsweise sein:

    - Was möchte ich überhaupt erreichen?
    - Was bedeutet mein Ziel für mich?
    - Was wäre ich bereit, dafür zu geben?

- **Behalten Sie Ihr Ziel stets vor Augen.** Haben Sie Ihr Ziel vor Augen, gibt Ihnen das die nötige Motivation, um zu handeln. Stellen Sie sich beispielsweise ständig den Weg zum Ziel vor und wie viele Schritte es noch benötigt, könnte dies einen demotivierenden Effekt auf Sie ausüben. Sie verlieren das Ziel aus den Augen und fokussieren sich nur noch auf die Hürden auf dem Weg dorthin.

- **Machen Sie sich klar, wie Ihr Endziel konkret aussehen soll.** Stellen Sie sich vor, Ihr Ziel ist beispielsweise das Backen eines Kuchens. Sie können kein Rezept suchen oder Zutaten zum Backen einkaufen, solange Sie nicht wissen, was Sie überhaupt für einen Kuchen backen möchten.

- **Kommen Sie in Aktion!** Wenn Sie etwas in Ihrem Leben erreichen wollen, dann müssen Sie etwas dafür tun. Es gibt immer Menschen, die sich lieber über das, was in Ihrem Leben nicht so läuft, wie sie es sich wünschen, beschweren, statt tätig zu werden. Das bringt allerdings niemanden weiter. Warten Sie nicht darauf, dass Ihnen die Erfüllung Ihres Wunsches eines Tages zugeflogen kommt – nehmen Sie es selbst in die Hand!

- **Optimistisch bleiben.** Die Wirkungsweise der selbsterfüllenden Prophezeiung kann nicht verhindert werden, wenn Sie Ihre positiven Erwartungen aufrechterhalten.

Erfolge können durch Wunschdenken blockiert werden

Ähnlich wie bei dem Gesetz der Anziehung können positive Erwartungen aber auch das Gegenteil der selbsterfüllenden Prophezeiung bewirken. Dieser Effekt tritt dann ein, wenn Wunschdenken beginnt, Ihren Zielen im Weg zu stehen. Diese Theorie, mit den im Folgenden beschriebenen Ergebnissen, wird von einer Studie der Psychologinnen Heather

Kappes (Universität New York) und Gabriele Oettingen (Uni Hamburg) nahegelegt.

Die Ergebnisse dieser Studie ergaben, dass zum Beispiel der Ausgang einer Prüfung durch positive Fantasien negativ beeinträchtigt werden kann. Das rührt daher, dass durch die positiven Erwartungen ein zu geringer Aufwand betrieben wird. Weniger Energie bleibt für das eigentliche zur Tatschreiten vorhanden, wenn die gesamte Energie in die Vorfreude gesteckt wird – so, als wäre das Ziel schon erreicht worden.

Auch bei der selbsterfüllenden Prophezeiung kommt es also auf die korrekte Dosis an. Gehen Sie mit einer positiven Erwartungshaltung an Ihre Herausforderungen heran. Bevor Sie Ihr Ziel wirklich erreicht haben, sollten Sie sich allerdings nicht auf Ihrer Vorfreude ausruhen.

»Wir sind, was wir denken. Alles, was wir sind, entsteht aus unseren Gedanken. Mit unseren Gedanken formen wir die Welt.«

(Buddha)

Dem Teufelskreis des Gedankenkarussells entkommen

Menschen, die zur sogenannten »Rumination« neigen, leiden unter dem Wiederholen der ständig gleichen Fragen in ihren Gedanken, ohne zu einem Abschluss kommen zu können. Tatsächlich haben Frauen eine höhere Tendenz zum Grübeln als Männer. Dieses Denkmuster des endlosen Grübelns hat, langfristig betrachtet, ernsthafte Konsequenzen. Durch dieses »Gedankenkarussell« werden Menschen, welche ohnehin schon zu depressiven Verstimmungen neigen, in diesen unerwünschten Zuständen gehalten. Es kommt sogar vor, dass manche Personen, entgegen ihrer Absichten, ihre Emotionen nicht mehr in einem gesunden Maße ausdrücken können.

Typische Fragen sind beispielsweise »Was wäre, wenn ...?«, »Wie hat das nur geschehen können?«, »Warum ich?«, »Was die anderen wohl über mich denken?«.

Ihre Gedanken werden Sie zwar niemals vollständig anhalten können, aber Sie können einiges tun, um diese zu verlangsamen, zu reduzieren und in positive Gedanken zu verwandeln. Denken an sich ist tatsächlich auch nicht das Problem, denn dafür ist unser Gehirn gemacht. Es wird dann problematisch und überaus belastend, wenn es sich um zu viele verschiedene Gedanken gleichzeitig handelt, wenn Ihre Gedanken nur um negative Themen kreisen und wenn diese zu schnell hin und her wechseln. Grübeln wirkt auszehrend auf Ihren Körper und Geist.

Wie sich das Gedankenkarussell in Gang setzt

Um sich aus einer negativen Denkschleife befreien zu können, muss man verstehen, wie man überhaupt in diese hingeraten ist. Es gibt Menschen, die mehr als andere dazu neigen, sich in ihren kreisenden

Gedanken zu verlieren. Forschern zufolge gibt es bestimmte Persönlichkeitsmerkmale, welche auffallend häufig bei Menschen auftreten, die zu derartigen Denkschemata neigen. Darunter fallen beispielsweise perfektionistisch oder neurotisch veranlagte Menschen. Außerdem auch Personen, welche sich zu sehr, beinahe exzessiv, auf ihre Beziehungen zu anderen Personen fokussiert sind. Bei Problemen möchte unser Geist sofort mit Lösungen zur Stelle sein und kommuniziert mit uns über unsere Gedanken, damit wir in der Welt zurechtkommen können. Auf Dauer und in der Masse werden diese gut gemeinten Ratschläge allerdings zur Belastung.

Diese Angewohnheit des Grübelns kann erhebliche Konsequenzen für betroffene Personen haben. Statt Personen, welche problemorientiert Nachdenken und sich auf eine Lösung fokussieren, haben zur Rumination neigende Personen bloß geringe Möglichkeiten, ihre Gedanken auf produktive Weise zu nutzen. Sobald sie in der Gedankenspirale gefangen sind, neige Betroffene zu überhöhter, vorschneller Selbstkritik. Diese negativen Denkmuster üben enormen Stress aus, da grübelnde Menschen eine deutlich erhöhte Ausschüttung des schädlichen Stresshormons Cortisol haben. Auf lange Sicht kann dies die betroffenen Personen krank und arbeitsunfähig machen. Ein klassisches Beispiel für stressbedingte Krankheiten ist das Burnout.

<u>Was Sie tun können, um die negative Gedankenspirale zu stoppen</u>

Der wichtigste und erste Schritt, um dem Gedankenkarussell zu entkommen, ist, sich bewusst zu machen, dass man sich in einer negativen Denkschleife befindet. Wenn Sie ein Bewusstsein für Ihre Art des Denkens entwickeln, beginnen Sie, sich in die richtige Richtung zu bewegen, um wieder Kapazitäten für die schönen Dinge des Lebens zu haben.

Bemerken Sie, dass Sie erneut beginnen, Ihre Gedanken kreisen zu lassen, lassen Sie dies für einen kurzen Zeitraum zu. Ist dieser kurze Zeitraum vergangen, versuchen Sie, eine Bilanz zu ziehen. Sie könnten sich beispielsweise folgende Fragen stellen.

- Hat mir das Grübeln etwas gebracht?
- Bin ich dadurch zu neuen Einsichten gelangt?
- Haben sich mir neue Zusammenhänge erschlossen?
- Wie geht es mir jetzt? Fühle ich mich besser oder noch schlechter als vorher?

Diese Fragen werden Ihnen dabei helfen, herauszufinden, ob Sie sich auf dem Weg zu einer produktiven Lösung befinden oder ob Sie sich in einer ziellosen Spirale befinden. Wenn Ihre Gedanken ausschließlich um das Problem selbst und nicht um eine Lösung desselben kreisen, ist es an der Zeit, sich aus dieser Denkschleife zu befreien.

<u>Den Fokus auf die Außenwelt legen</u>

Leider neigen grübelnde Personen sehr dazu, sich zu sehr mit sich selbst zu beschäftigen. Oft haben sie dann keinen Blick mehr für eine mögliche Lösung des eigentlichen Problems. Gehören Sie zu den grüblerischen Personen, könnte es Ihnen helfen, Ihren Fokus auf die Außenwelt zu legen. Damit lenken Sie sich von sich selbst und Ihrer ins Nichts führenden Gedankenspirale ab. Mögliche Aktivitäten wären zum Beispiel ein Buch zu lesen, einen Spaziergang an der frischen Luft zu machen, gute Freunde oder Ihre Eltern anzurufen oder einfach mit Aufmerksamkeit einen Film zu schauen. Wenn Sie lernen, Ihre negativen Gedanken im Griff zu haben, können Sie davon auch in beispielsweise beruflichen Situationen profitieren.

Musik zu hören ist auch ein effektives Mittel gegen negative Gedankenschleifen. Vielleicht können Sie sogar mit Ihrem Arbeitgeber absprechen, während Ihrer Arbeit Musik hören zu dürfen. Musik, bei der Sie sich gut gefühlt haben, kann diese Gefühle nachweislich wieder hervorrufen. Legen Sie sich also eine Gute-Laune-Playlist an!

Hilfreich ist außerdem eine feste Alltagsplanung. Zwischen festgelegten Routinen und sowohl beruflichen als auch privaten Terminen ist wenig Spielraum für Ihr Gedankenkarussell, Fahrt aufzunehmen.

Wichtig dabei ist allerdings, dass es bei dieser Technik nicht darum geht, Ihre Probleme und Gedanken einfach zu verdrängen.

Früher oder später würden die Gedanken Sie regelrecht wie eine Lawine überrollen. Stattdessen ergibt es Sinn, zusätzlich zu lernen, wie Sie sich auf das Wesentliche fokussieren, lösungsorientiert denken und verstehen, was in Ihrem Kopf vorgeht.

Den Fokus auf das Wesentliche legen

Sehr häufig neigen Grübler dazu, den Blick für das Wesentliche zu verlieren. Statt weiter und weiter über das Problem und weitere mögliche Probleme nachzudenken, beschäftigen Sie sich doch lieber mit einer Lösung für das eigentliche Problem!

Der Psychologe Paul Watzlawick führte ein treffendes Beispiel in seiner »Anleitung zum Unglücklichsein« an. Der Mann in diesem Beispiel würde gern ein Bild aufhängen. Leider fehlt ihm ein Hammer, um einen Nagel in die Wand zu hämmern. Daraufhin beschließt er, seinen Nachbarn um dessen Hammer zu bitten. Sein Gedankenkarussell setzt sich auf dem Weg zu seinem Nachbarn allerdings in Gang und er beginnt, sich Fragen zu stellen.

»Was, wenn der Nachbar mir den Hammer nicht leihen will? Gestern schon grüßte er mich nur so flüchtig. Vielleicht war er in Eile. Vielleicht hat er die Eile nur vorgeschützt und er hat was gegen mich. Und was? Ich habe ihm nichts getan; der bildet sich da etwas ein. Wenn jemand von mir ein Werkzeug borgen wollte, ich gäbe es ihm sofort. Und warum er nicht? Wie kann man einem Mitmenschen einen so einfachen Gefallen abschlagen? Leute wie dieser Kerl vergiften einem das Leben.

Und dann bildet er sich noch ein, ich sei auf ihn angewiesen. Bloß, weil er einen Hammer hat. Jetzt reicht's mir wirklich. Und so stürmt er hinüber, läutet, der Nachbar öffnet, doch bevor er »Guten Tag« sagen kann, schreit ihn unser Mann an: »Behalten Sie Ihren Hammer.««

(vgl. P. Watzlawick: Anleitung zum Unglücklichsein)

Dieses Beispiel ist sehr extrem, aber Sie verstehen, wie sich das Einlassen auf diese Art von Gedankenspirale auf unseren Alltag und unser Umfeld auswirken kann. Genauer betrachtet können Sie sich damit sogar neue Probleme schaffen. Folglich werden Sie gestresster, unglücklicher und im schlimmsten Fall kann sich diese Form des Stresses negativ auf Ihre Gesundheit auswirken.

Um diesem Effekt entgegenzuwirken, ist es hilfreich, Ihr ursprüngliches Problem sehr deutlich auf einen Zettel zu schreiben. Alle Probleme, die sich im weiteren Verlauf ergeben, schreiben Sie ebenfalls auf diesen Zettel. Diese zusätzlichen Probleme werden dem ursprünglichen Problem allerdings untergeordnet. Um Lösungen neben den Problemen notieren zu können, lassen Sie rechts einfach eine Spalte frei. Diese Technik wird Ihnen dabei helfen, diverse Zusammenhänge zu erkennen. Vielleicht erkennen Sie Verbindungen zwischen den einzelnen Problemen oder Fragen. Oder aber eine Lösung eines Problems hängt sogar mit der Antwort auf eine andere Frage zusammen. Notieren Sie sich die Fragen und Auslöser Ihrer Gedankenspirale sorgfältig, wird Ihnen diese Technik sehr hilfreich sein.

Eine weitere nützliche Technik ist das **Journaling**. Hierbei schreiben Sie sich all Ihre Gedanken von der Seele. Schreiben Sie, ohne groß darüber nachzudenken, alles, was Ihnen in den Sinn kommt, auf. Nutzen Sie in jedem Fall Stift und Papier, statt des digitalen Weges. Diese Technik kann sehr befreiend wirken und hilft bei der Entspannung, da Sie Ihre Gedanken einfacher loslassen können. Ein weiterer Schritt wäre es, die negativen Gedanken, die Sie aufgeschrieben haben, im Nachgang in positive Gedanken umzuformulieren.

In der Gegenwart leben und mit der Vergangenheit abschließen

Wenn eine Kettenreaktion in Ihrem Kopf durch einen einzigen Gedanken ausgelöst wurde und Sie sich wieder in Ihrem Gedankenkarussell drehen, befinden Sie sich gedanklich meist in der Zukunft oder in der Vergangenheit, statt sich auf das Hier und Jetzt zu konzentrieren. Zukunft und Vergangenheit existieren nicht. Was vergangen ist, ist vergangen und die Zukunft können Sie planen, aber sie existiert noch nicht. Folglich können Sie auch nicht in der Zukunft leben. In einer Illusion zu leben, lenkt Sie ab und hindert Sie daran, Ihr Leben in der Gegenwart wirklich bewusst zu leben und pro-aktiv zu gestalten.

Um das Hier und Jetzt wirklich bewusst nutzen zu können, müssen Sie mit Ihrer Vergangenheit abschließen und aufhören, von einer Zukunft zu träumen, in der alles besser wird. Selbstverständlich ist es wichtig, Ziele und Träume zu haben. Sich in diesen aber zu verlieren und Ihre Träume nie mehr werden zu lassen als bloß Träume, wird in keinem Fall zu einer Weiterentwicklung Ihres Selbst beitragen. Also gehen Sie Ihre Aufgaben und Herausforderungen in der Gegenwart an!

Mit der Vergangenheit abzuschließen ist allerdings einfacher gesagt als getan. Unverarbeitete Dinge, oder auch »offene Schleifen«, beschäftigen oft rund um die Uhr Ihr Unterbewusstsein und üben einen negativen Einfluss auf Sie, Ihr Wohlbefinden und Ihre Energie aus. Wichtig für Sie ist, Ihre offenen Schleifen ausfinden zu machen und gezielt zu schließen, damit diese keine negativen Gefühle mehr in Ihnen hervorrufen können.

Dinge, die längst vergangen sind, mit denen aber noch nicht abgeschlossen wurde, können nach wie vor großen Schmerz verursachen. Allerdings gehören diese Dinge der Vergangenheit an und sich ständig damit zu beschäftigen, wird Ihnen das Leben unnötig schwer machen. Werfen Sie diesen Ballast nun ein für alle Mal ab!

Sortierte Liste persönlicher »Energie-Räuber«

Wenn Sie sich bewusst fragen, worum Ihre Gedanken immerzu kreisen und was Sie ständig beschäftigt, ohne dass sich Ihre Situation verbessert, können Sie sich über die Dinge klar werden, die Ihnen Tag für Tag Ihre Energie rauben. Tatsächlich bedarf es dabei einiger Übung, da es durch unterbewusste Prozesse oft nicht direkt ersichtlich ist, welchen negativen Gedankenmustern Sie folgen. Diese können Sie allerdings mit Hilfe von Übung und Achtsamkeit an die Oberfläche befördern.

Für einen guten Überblick und eine bessere Möglichkeit, Ihre offenen Schleifen zu schließen, sollten Sie Ihre Liste sortieren und priorisieren. Beispielsweise können Sie alle Punkte, die Sie selbst lösen können, mit einem Stern markieren. Diese Schleifen können Sie zu deren Schließung direkt angehen.

Im nächsten Schritt markieren Sie alle Energie-Räuber mit einem X, über die Sie keine Kontrolle besitzen. Daraufhin schreiben Sie die mit einem Stern markierten Punkte auf eine neue Liste. Über diese Punkte besitzen Sie folglich Kontrolle. Die neue Liste sollten Sie priorisieren und sich mit dieser Technik die drei für Sie größten offenen Schleifen heraussuchen, da diese Ihnen am meisten Energie rauben.

Nun geht es für Sie an die aktive Schließung dieser offenen Schleifen aus Ihrer Vergangenheit. Versuchen Sie, alle offenen Angelegenheiten zu klären und reden Sie mit so vielen betreffenden Menschen, wie Sie können. Selbst wenn es vielleicht bedeutet, dass Sie Ihren Stolz überwinden müssen. Trauen Sie sich, Sie werden überrascht sein, wie viele dieser Personen ebenfalls erleichtert sein werden, offene Angelegenheiten aus der Vergangenheit endlich hinter sich lassen zu können.

Aber was ist mit den offenen Schleifen, über deren Ursache Sie keinerlei Kontrolle besitzen? Diese Dinge sollten Sie bewusst »gehen lassen«. Versuchen Sie, sich selbst klarzumachen, wie sinnlos es ist, an diesen Dingen festzuhalten. Sie haben keine Kontrolle darüber, Sie können überhaupt nichts dagegen tun und es kostet Sie eine Menge Ihrer wertvollen Energie. Lassen Sie diese Dinge also bewusst gehen! Sich und Ihre Gedanken von altem Ballast freizumachen, wird Ihnen neue Lebensenergie und Platz für neue, gute Gefühle schenken.

Loslassen

Loslassen ist für viele Menschen allerdings eine sehr große Herausforderung. Besonders dann, wenn es sich dabei um geliebte Menschen handelt. Das hängt damit zusammen, dass mit Ihren negativen Gefühlen gleichzeitig positive Gefühle und Erinnerungen verbunden sind. Beim Loslassen geht es allerdings nicht um das Vergessen all Ihrer positiven Erinnerungen in Zusammenhang mit beispielsweise einem anderen Menschen. Es handelt sich tatsächlich um das genaue Gegenteil, da Sie mit dem Loslassen Ihrer negativen Gefühle Platz für Ihre guten Gefühle schaffen. In dem Prozess des Loslassens werden Sie die Erinnerungen nicht verlieren.

Um jemanden oder etwas loslassen zu können, ist es von großer Bedeutung, Ihre Gefühle zuzulassen. Egal, um welche Art von Gefühlen es sich dabei handelt. Je mehr Sie sich gegen diese Gefühle sträuben, desto stärker werden sie und je mehr Sie sie verleugnen, desto stärker zeigen sie sich. Lernen Sie nicht, derartige Gefühle gehen zu lassen, werden sie Sie durchgehend, bewusst oder unbewusst, belasten und auf lange Sicht regelrecht kaputtmachen. Sich ständig schlecht zu fühlen und zu grübeln sorgt dafür, dass Sie Ihre Lebensfreude verlieren, immer unglücklicher und schlimmstenfalls sogar körperlich krank werden. Aus diesen Gründen sollte es oberste Priorität für Sie haben, sich von solchen Gefühlen zu befreien.

Setzen Sie sich bequem und aufrecht an einen ruhigen, ungestörten Ort. Entspannen Sie sich, so gut Sie können und atmen Sie regelmäßig und tief in den Bauch hinein und wieder aus. Dabei ist es nicht wichtig, ob Sie Ihre Augen offen oder geschlossen halten. Wichtig ist, dass Sie sich möglichst wohlfühlen. Meditieren Sie gern, können Sie dies ebenfalls mit der Technik zum Loslassen verbinden. Jetzt denken Sie an das, was Ihnen zu schaffen macht. Versetzen Sie sich in vergangene Situationen und fühlen Sie diese. Vielleicht regen sich in Ihnen Impulse, die dazu dienen, Ihre Emotionen zu unterdrücken. Allerdings ist es von größter Wichtigkeit, dass Sie alle Gefühle zulassen, ohne diese zu beurteilen. Heißen Sie alles, was sich mit Ihren Erinnerungen regt, willkommen und lassen Sie es existieren.

Jetzt sollten Sie sich fragen, ob Sie das Ganze annehmen können. Dabei ist es nicht wichtig, wie Ihre Antwort lautet. Zusätzlich fragen Sie sich, ob Sie das Ganze auch loslassen können. Egal, wie Ihre Antworten lauten, wiederholen Sie das Ganze immer wieder von vorne, seien Sie ehrlich zu sich selbst und versuchen Sie, weniger auf Ihren Verstand und mehr auf Ihr Bauchgefühl zu hören. Diese Technik und diese Fragestellungen werden Ihnen helfen, sich Schritt für Schritt zu öffnen. Innere Offenheit bietet Ihren mehr und mehr angenommenen Emotionen und Gedanken die Möglichkeit, sich aus Ihrem Geist und Körper zu verabschieden. Sie öffnen Ihre inneren Barrieren, welche zuvor all Ihre Emotionen zurückgehalten haben. Dadurch wird es möglich, diese Emotionen gehen zu lassen.

Die Angst vor Ihren eigenen Gefühlen könnte zu Beginn eventuell ein hinderlicher Faktor sein, da Gefühle sehr stark sein oder gar körperliche Reaktionen hervorrufen können. So stark, dass sie vielleicht glauben, dass Sie das Ganze nicht aushalten können. Denken Sie beispielsweise an Panikattacken. Sollten sich Ihre Gefühle in solch einem extremen Bereich bewegen, scheuen Sie sich bitte nicht, einen Arzt oder Therapeuten für zusätzliche Unterstützung aufzusuchen.

Schreib-Rituale

Wie bei allem ist es auch hier wichtig, dass Sie sich nicht damit stressen, die Vergangenheit unbedingt abschließen zu wollen. Hilfreich ist, Ihren Gedanken bezüglich der Vergangenheit einen festen Platz zuzuweisen. Wenn es Ihnen zwischendurch schwerfallen sollte, sich auf die Gegenwart zu fokussieren, dann sagen Sie sich, dass Sie sich später während Ihres Schreib-Rituals mit der Vergangenheit beschäftigen können.

Für die Durchführung des Schreib-Rituals nehmen Sie sich täglich ungefähr zehn Minuten Zeit an einem ruhigen Ort mit Stift und Papier. Schreiben Sie alles nieder, was Ihnen bezüglich Ihrer Vergangenheit im Kopf umherschwirrt. Seien Sie ungezwungen und denken Sie nicht darüber nach, was Sie schreiben. So geben Sie unbewussten Gedanken die Gelegenheit, an die Oberfläche zu gelangen und sich aufzulösen.

Was tun, wenn die Gegenwart unerträglich ist

Selbst wenn Ihre derzeitige Situation unerträglich zu sein scheint, sollten Sie nicht in Selbstmitleid versinken und sich zu einem Opfer Ihres eigenen Lebens machen. Diese Verhaltensmuster tragen nicht dazu bei, etwas an Ihrer aktuellen Lage zu ändern. Die einzige Möglichkeit, sich aus Ihrer Lage zu befreien ist die Akzeptanz dieser und die Verinnerlichung der Tatsache, dass sich in die Vergangenheit oder Zukunft zu flüchten keinerlei Erträge bringen wird. Es gilt, die Situation im Hier und Jetzt anzugehen.

Auch wenn es eine Herausforderung darstellt, schwierige Situationen zu **akzeptieren**, ist es der Schlüssel, um sich zu befreien. Versuchen Sie, Ihren Fokus auf die positiven Seiten Ihrer Situation zu richten.

Gibt es für Sie allerdings keine Möglichkeit, Ihre Situation so zu akzeptieren wie sie ist, müssen Sie sich fragen, was Sie tun müssen und welche Veränderungen im Hier und Jetzt stattfinden müssen, um diese Situation zu **verändern**. Das bedeutet für Sie, dass Sie die volle Verantwortung übernehmen müssen.

Können Sie Ihre Situation also weder akzeptieren noch verändern, beispielsweise aufgrund gegebener äußerer Umstände, sollten Sie in

Erwägung ziehen, diese Situation hinter sich zu lassen. Hinter sich lassen bedeutet in diesem Fall: **Verlassen**. Verabschieden Sie sich von dem, was Sie nicht weiterbringt, beschwert und herunterzieht. Wieso Dinge in Ihrem Leben verharren lassen, die Sie mit allen Mitteln versucht haben, ins Gute zu wenden, wenn diese Ihnen dennoch nichts weiter als Energie rauben.

Manche Verabschiedungen können beängstigend sein und deshalb neigen Menschen dazu, das familiäre Leid dem Ungewissen vorzuziehen. So paradox dies klingen mag, aber das, was familiär ist, ist komfortabel. Das Ungewisse könnte aber ebenso Ihr Glück bedeuten, also lohnt es sich, couragiert zu handeln!

Natürlich gibt es leider auch Situationen, welche man sich weder ausgesucht hat noch verändern oder verlassen kann. Allerdings hat man in jedem Fall die Wahl, wie man mit solch einer Situation umgehen möchte. Seien Sie mutig und versuchen Sie, sich stets für die bestärkende und pro-aktive Art des Handelns zu entscheiden.

Ihr Leben findet genau in diesem Moment statt. Seien Sie also aufmerksam und wach. Genießen Sie es!

Was andere über Sie denken und Selbstakzeptanz

Sich ständig Gedanken darüber zu machen, was andere Personen wohl über Sie denken mögen, ist eine sehr schlechte Angewohnheit, da diese Ihnen ebenfalls eine große Menge Ihrer Energie raubt. Jeder Mensch hat ein anderes Weltbild und eine eigene Vorstellung davon, wie die Dinge zu laufen haben. Aus diesem Grund **geht es Sie gar nichts an**, was andere über Sie denken.

Es ist nicht Ihre Sache, **es hat nichts mit Ihnen zu tun** und **es ist ohnehin völlig belanglos**.

Tatsächlich werden Sie mit Ihrer Vorstellung davon, was andere über Sie denken, meist sowieso völlig daneben liegen. Das Gehirn ist sehr gut darin, sich unrealistische Zusammenhänge und Szenarien auszudenken, obwohl diese nur wenig mit der Realität zu tun haben. Und so hart es klingt – viele Menschen außerhalb Ihres engeren Kreises werden sich keine großartigen Gedanken über Sie machen, da sie ausreichend mit sich selbst beschäftigt sind.

Wenn Sie ständig versuchen, es allen Menschen um Sie herum recht zu machen und immer »Ja« zu allem zu sagen, stellen Sie sich und Ihre eigenen Bedürfnisse zurück. Auf Dauer wird es Sie auslaugen und kaputtmachen, da es in unverhältnismäßigem Ausmaß zur Belastung wird.

Dabei können Sie niemandem etwas Gutes tun, wenn es Ihnen selbst nicht gut geht. Stellen Sie sich vor, Sie und all diese Personen wären Gläser. Nun, wie wollen Sie das Glas einer anderen Person auffüllen, wenn Ihr eigenes leer ist?

Es ist also vollkommen okay, sich selbst an die erste Stelle zu setzen.

Das ist weder egoistisch noch rücksichtslos, sondern viel mehr ein Akt der Vernunft und der Selbstachtung. Außerdem tragen ausgeglichene, proaktiv lebende Menschen am Ende des Tages viel mehr zur Gesellschaft bei als diejenigen, die ständig versuchen dem Bild, das andere Menschen von ihnen haben, gerecht zu werden.

Die einzige Meinung über Sie als Person, die eine Rolle spielt, ist Ihre eigene!

Seien Sie nicht Ihr eigener größter Feind, denn wer soll Sie mögen, wenn Sie es selbst nicht tun? In diesem Punkt sollten Sie sich wieder in Erinnerung rufen, dass Sie Signale an Ihre Umwelt senden und diese darauf reagiert. Behandeln Sie sich also selbst nicht gut, werden Sie Menschen anziehen, die es auch nicht tun werden. Sie werden diese Personen allerdings mit hoher Wahrscheinlichkeit dennoch in Ihr Leben lassen, da

Sie die Art von Liebe akzeptieren, die Sie glauben zu verdienen.

Wollen Sie von jedem geliebt und geschätzt werden, verschreiben Sie sich einer unmöglichen Mission. Sie werden es niemals allen Menschen recht machen können, schon gar nicht, ohne sich selbst verbiegen zu müssen. Seien Sie Sie selbst und jede Person, die trotz Ihrer Makel entscheidet, bei Ihnen zu bleiben, liebt Sie um Ihrer selbst willen.

Versuchen Sie Ihren Selbstwert und Ihr Glück aus sich selbst zu ziehen.

Ihr persönliches Glück in die Hände anderer Personen oder äußerer Umstände zu legen, wird Sie auf Dauer nicht glücklich machen, da dieses Glück mit Abhängigkeit verknüpft und äußerst zerbrechlich ist.

Andere Personen werden Sie niemals vervollständigen, höchstens ergänzen und Ihnen beim Wachsen helfen können.

Vermeiden Sie Krampfhaftigkeit

Ähnlich der Kritik an dem Gesetz der Anziehung ist es auch hier von großer Bedeutung, das positive Denken nicht krampfhaft erzwingen zu wollen. Fordern Sie zu viel von sich selbst in zu kurzer Zeit, kann das positive Denken auch ins Gegenteil umschlagen. Das würde dazu führen, dass Sie sich selbst Vorwürfe machen und Sie sich durch Ihre Selbstzweifel und Vorwürfe noch schlechter fühlen als zuvor. Ihre Gedankenspirale wird sich noch schneller drehen.

Trainieren Sie das positive Denken und in der Gegenwart zu leben, aber reden Sie sich keine Schuldgefühle dafür ein, wenn es nicht gleich so funktioniert, wie Sie es sich wünschen würden. Wenn Sie nach einer langen Zeit das erste Mal wieder joggen gehen, erwarten Sie auch nicht von sich, am nächsten Tag schon einen Marathon laufen zu können. Versuchen Sie sich und Ihre Energie auf Ihre Träume und Ziele, statt auf Ihre Sorgen und Probleme, zu fokussieren. Übung macht bekanntlich den Meister!

Positives Denken im Bereich der Wissenschaft, der physischen und psychische Gesundheit

Mit dem französischen Apotheker Émile Coué begann die Forschung zum positiven Denken. Émile Coué erkannte beim Verabreichen von Medikamenten die Macht der Gedanken. Daraus entwickelte er das Konzept der sogenannten **»Autosuggestion«** (Selbstbeeinflussung, *griech.-lat.*). Nach dem Konzept der Autosuggestion »programmiert« man sein Unterbewusstsein auf etwas Erwünschtes. Dazu nutzt man auch **die Technik der positiven Affirmationen**. Man wiederholt kontinuierlich einen Gedanken, welcher einen bestimmten Wunsch formuliert. Mit dieser **Methode zur Selbsthilfe** machte Coué seine Patienten häufiger als mit der ausschließlichen Verabreichung von Medikamenten gesund. Denn die Art, wie er seine Medikamente überreichte, hatte einen Zusammenhang mit dem eigentlichen Heilungsprozess seiner Kunden. Pries er ein Medikament als besonders gut und wirksam an, linderten sich die Beschwerden der Patienten häufiger und die Genesung erfolge schneller, als wenn er dies nicht tat.

Im Bereich der Psychologie entstand die Richtung der positiven Psychologie. Am Ende des letzten Jahrhunderts erkannten in den USA die Psychologen um Martin Seligmann, dass man sich zum größten Teil bloß mit Problemen, Krankheiten und Symptomen beschäftigte. Sie stellten die Frage, warum man den Fokus nicht genau in die entgegengesetzte Richtung lenkte. Bei 70 Prozent der Menschen handelt es sich nämlich um gesunde Personen, die schlicht ein gutes Leben haben wollen. Positive Charaktereigenschaften, Emotionen und Institutionen wurden seit den 2000er Jahren unter der positiven Psychologie als etablierte, wissenschaftliche Richtung untersucht. Durch diesen Perspektivwechsel wurde es sowohl der Psychologie als auch der Medizin ermöglicht, ihren Schwerpunkt auf die Möglichkeiten, statt auf die Defizite zu legen. Durch diese Entwicklung kann nun jeder aus eigenem Antrieb selbstheilende Kräfte nutzen und ist damit weniger auf Fremdheilung, Ärzte und Therapeuten angewiesen. Dadurch gewinnen die Menschen mehr Einfluss auf ihr eigenes Leben und werden sich so dem Potenzial ihrer eigenen Möglichkeiten bewusst.

Das menschliche Gehirn und positives Denken

Laut wissenschaftlicher Erkenntnisse verändert eine positive Lebenseinstellung die eigene Hirnstruktur. Pro Tag werden ungefähr ein Prozent Ihres gesamten Körpers erneuert, so die Wissenschaft. Demnach unterliegen auch Ihre Hirnzellen diesem Prozess der Erneuerung. Diese Theorie soll zudem erklären, warum der Mensch ungefähr 66 Tage braucht, um sich eine neue Gewohnheit fest anzueignen oder schlechtere abzulegen. Die neuen Gehirnzellen werden stark von Ihren Emotionen beeinflusst. Positive Emotionen besitzen die Eigenschaft, Sie offener zu machen, kreativer zu sein und Ihren Blick zu weiten. Negative Emotionen schränken Ihre Perspektive jedoch ein.

Da Sie als Menschen Teil der Natur sind, fokussiert sich Ihr Gehirn immer auf das Überleben. Aus diesem Grund stehen also Probleme von Natur aus im Vordergrund. Mögliche Gefahren musste sich das Gehirn immer besser einprägen als Freuden und Genuss. Dieses Phänomen nennt sich auch das »katastrophische Gehirn«. Aus Sicht Ihres Hirns sind Sie in dieser durch Druck und Stress bestimmten Welt im dauerhaften Problemmodus. Aus evolutionsbiologischer Sicht betrachtet sind negative Emotionen also natürlich. Ihre Emotionen bestimmen, wie Sie eine Situation bewerten. Diese Bewertung löst wiederum einen Handlungsimpuls aus. Zorn löst zum Beispiel den Impuls anzugreifen aus und

Furcht den Impuls zu flüchten. Sowohl positive als auch negative Emotionen haben ihre Berechtigung. Negative Emotionen und Angst erfüllen die Aufgabe, Sie vor gefährlichen Situationen oder wirklich besorgniserregenden Dingen zu schützen. In konkreten Situationen sind negative Gefühle also überlebensnotwendig. Positive Gefühle bieten Ihnen hingegen persönliches Wachstum, konstruktives und kreatives Lernen, Lebensfreude, eine erweiterte Perspektive, Optimismus und Neugier.

Besonders problematisch an negativen Emotionen sind die psychischen Konsequenzen. Durch das kontinuierliche Wiederholen der negativen Gefühle und der Probleme werden diese in Ihrer Wahrnehmung größer und dramatischer, als sie in der Realität je gewesen sind. Da sich Ihre Wahrnehmung auf alles fokussiert, was Ihre Annahmen bestätigt, führt dies zum sogenannten Tunnelblick. Sie filtern schonungslos alles heraus, was nicht zu Ihren Annahmen passt. Folglich auch die positiven Dinge. Haben Sie sich also einmal darin festgebissen, dass Ihnen Ihre Arbeit auf die Nerven geht und diese Sie stresst, wird das zu Ihrer Realität. Sie werden nur alle zu dieser Annahme passenden Aspekte wahrnehmen und sich dementsprechend verhalten.

Auf der anderen Seite lässt sich Glück als ein Perpetuum Mobile bezeichnen, denn es füllt sich selbst.

Glückliche Menschen setzen Ihre sozialen und persönlichen Ressourcen ein, entwickeln diese kontinuierlich weiter, sind energiegeladener, hilfsbereiter, sozialer, motivierter und kreativer.

Wie die physische Gesundheit durch die eigene Geisteshaltung beeinflusst wird

Menschen erfreuen sich in der Regel sehr guter körperlicher Gesundheit, wenn ihnen positive Denkstrukturen innewohnen. Dies rührt daher, dass das seelische eng mit dem körperlichen Wohlbefinden verbunden ist. Optimisten halten sich länger gesund und altern weniger schnell. Durch ihre Überzeugung, ihre Gesundheit und ihr Wohlbefinden selbst in der Hand zu haben, sind sie sowohl körperlich als auch seelisch stark. Durch zahllose Untersuchungen wurde belegt, dass das menschliche Abwehrsystem durch Hoffnung und eine optimistische Grundeinstellung gestärkt wird. Somit tragen optimistisch eingestellte Menschen erheblich zu ihrer gesundheitlichen Altersvorsorge bei.

Seelische Harmonie sorgt für körperliche Harmonie. Folglich sind pessimistisch eingestellte Menschen meist weniger gesund als Optimisten.

Untersuchungen ergaben, dass das Immunsystem durch Hoffnungslosigkeit erheblich geschwächt wird. Pessimisten leiden doppelt so häufig wie Optimisten unter Infektionskrankheiten. Außerdem lässt allein die Kraft des Geistes den Pegel des Stresshormons Cortisol steigen. Sind optimistische Menschen einmal krank, richten Sie Ihre gesamte Energie auf das Genesen. So mobilisieren sie ihre Selbstheilungskräfte.

Wenn Sie krank werden, sollten Sie das als Warnsignal dafür verstehen, dass Sie in einem Bereich Ihres Lebens vielleicht krankheitsverursachende Denk- und Verhaltensgewohnheiten haben. Diese gilt es zu verbessern.

Bei der Heilung von Krankheiten ist die positive Erwartung eines Patienten von größter Wichtigkeit. Durch überzeugende Erklärungen und gute Erfahrungen kann diese entstehen. An der Harvard School of Public Health fanden Julia Boehm und Laura Kubzansky heraus, dass keine positive oder eine negative Grundhaltung zu haben, eine bedeutend andere Wirkung auf den Menschen hat, als eine positive zu besitzen. Das Risiko für Herzkreislauferkrankungen wird durch Glück, Optimismus und Zufriedenheit verringert. Ein um 50 Prozent reduziertes Risiko wiesen positiv eingestellte Menschen auf.

Positive Illusionen bei Schwerkranken werden von Shelly E. Taylor ergründet. Eine Form von Puffer für die Gesundheit scheinen dabei psychologische Ressourcen wie Sinn, Kontrolle und Optimismus zu sein. Diese Ressourcen helfen den Patienten dabei, mit den Höhen und Tiefen des Lebens zurechtzukommen. Untersucht wurden für diese Studie Frauen, welche der Überzeugung waren, ihre Krebserkrankung unter Kontrolle zu haben. Manche fühlten sich sogar gesund, obwohl die medizinischen Fakten dagegensprachen. Ihre Stresswerte glichen dadurch mental denen von gesunden Personen. Durch derartige positive Emotionen werden zum Beispiel im endokrinen Nervensystem positive physiologische Wirkungen erzeugt.

In diesem Fall lässt sich wieder von dem Placebo- und dem Nocebo-Effekt sprechen. Bei einem Placebo-Effekt kommt ein Effekt nicht durch ein Medikament selbst, sondern durch die Gedankenkraft zustande. Von diesem Placebo-Effekt profitiert allerdings nicht bloß die Anwendung von Placebo-Präparaten, die keinerlei Wirkstoffe enthalten, sondern ebenfalls die normale Medizin. Die Erwartung, dass etwas schaden könnte und sich diese Erwartung letztendlich auch bewahrheitet, lässt sich dem Nocebo-Effekt zuschreiben. Diese Gefahr birgt beispielsweise das Lesen von Beipackzetteln oder die Belehrung eines Arztes über mögliche Nebenwirkungen.

<u>Psychosomatische Erkrankungen</u>

Unter psychosomatischen Erkrankungen versteht man jene Erkrankungen und körperlichen Beschwerden, welche durch hohe seelische Belastungen hervorgerufen wurden. Sie können sich durch den seelischen Einfluss also körperlich krank fühlen, ohne dass ein Arzt oder eine Ärztin organische Ursachen feststellen könnte. Bezeichnet werden diese Erkrankungen auch als »funktionelle Störungen« oder als »somatoforme Beschwerden«.

Nach heutigem, wissenschaftlichem Stand weiß man, dass die Psyche Einfluss auf die Beschwerden, den Verlauf oder gar das Ausbrechen organischer Erkrankungen hat. Organische Erkrankungen wirken sich umgekehrt ebenfalls in unterschiedlichem Maß auf die Psyche aus. Außerdem ist eine klare Trennung von psychosomatischen Krankheiten und rein somatischen oder rein psychischen Krankheiten oft nicht möglich.

Zu den typischen Symptomen psychosomatischer Erkrankungen zählen unter anderem Magen- und Darmbeschwerden, Ohrgeräusche, chronische Erschöpfung, Juckreiz, Schwindel, Herzrasen und Kopf- oder Rückenschmerzen. Diese Beschwerden lösen bei Betroffenen oft zusätzlich krankheitsbezogene Ängste aus. Essstörungen wie Magersucht und Bulimie werden ebenfalls zu den psychosomatischen Erkrankungen gezählt.

Zu Beginn einer psychosomatischen Störung geht immer ein Konflikt hervor. Diese Konflikte beziehen sich häufig auf das berufliche oder private Umfeld. Diese Konflikte sind die Ursache für Anspannung. Diese Anspannung wirkt auf unterschiedliche Weise auf den Körper ein. So wird das vegetative Nervensystem beeinflusst und es kommt zu hormonellen Ausschüttungen, welche den Stoffwechsel des Körpers verändern und ihn letztendlich krank machen können. Das Immunsystem kann durch derartige Einwirkungen ebenfalls beeinflusst werden. Auch bei zahlreichen psychischen Erkrankungen wie Depressionen, Persönlichkeitsstörungen oder Angststörungen treten unspezifische körperliche Symptome häufig auf. Bei diesen unspezifischen körperlichen Symptomen können theoretisch fast alle Organe betroffen sein und sehr unterschiedliche Symptome hervorgerufen werden. Schmerzen, die oft im Vordergrund stehen, sind dabei Bauch-, Rücken- oder Kopfschmerzen und Schmerzen im Urogenitalbereich. Die Funktion von Organen kann zudem ebenfalls beeinträchtigt werden. Dabei treten beispielsweise Verstopfung, Durchfall, Atemstörungen oder Herzrasen auf. Diese Beschwerden rufen starke Ängste hervor, da Betroffene fürchten, schwer erkrankt zu sein.

Wichtig ist, dass sich die Betroffenen einer psychosomatischen

Erkrankung die Symptome nicht einbilden, bloß weil oft keine organische Ursache aufzufinden ist. Betroffene leiden häufig stark unter den Beschwerden, auch wenn die Symptome in der Regel nicht zwangsläufig bedeuten, dass diese die Lebenserwartung verkürzen. Zudem schränken chronische Beschwerden die Lebensqualität oft erheblich auf vielfältige Weise ein.

Tinnitus, Reizdarm oder -blase, chronische Schmerzen, Herz-Angst-Neurosen und psychogener Juckreiz sind nur einige Beispiele für psychosomatische Erkrankungen. Leider gibt es keine Untersuchung, um eine psychosomatische Ursache feststellen zu können. In diesen Fällen wird mit der Technik der sogenannten Ausschlussdiagnose gearbeitet. Somit wird die Diagnose anhand der Krankheitsgeschichte und nach Ausschluss der körperlichen Ursachen gestellt. Mögliche Auslöser, die Lebenssituation und belastende Faktoren werden bei den Betroffenen in besonderem Maße berücksichtigt. Welche Untersuchungen zum Ausschluss körperlicher Ursachen sinnvoll sind, hängt vom individuellen Krankheitsbild ab.

Tatsächlich gehen viele der psychosomatischen Beschwerden von allein vorüber. Hilfreich und meist ausreichend ist es, wenn Sie von einem zu Ihren Beschwerden passenden Arzt betreut werden, welcher Sie bezüglich der wahrscheinlichen Harmlosigkeit Ihrer Beschwerden beruhigen kann. Geplante Kontrolluntersuchungen können ebenfalls helfen, die möglicherweise vorhandenen Ängste in den Griff zu bekommen. Wichtig ist außerdem die körperliche und soziale Aktivität. Der gewohnte Alltag, Sport, Kontakt mit Menschen und Hobbys wirken durch die Aktivierung Ihrer Selbstheilungskräfte Ihren psychosomatischen Beschwerden entgegen. Falls dies erforderlich sein sollte, können nach Absprache mit Ihrem Arzt unterstützend Medikamente zur Symptomlinderung eingenommen werden. Psychotherapeutische Unterstützung und Entspannungsverfahren können außerdem sehr hilfreich sein. Der

Austausch mit ebenfalls an psychosomatischen Beschwerden leidenden Personen bietet zudem auch gute Chancen, um Ihnen die Angst vor zum Beispiel etwaigen Symptomen zu nehmen.

Durch psychosomatische Erkrankungen wird nochmals deutlich, welche Macht Ihre Gedanken und Ihre Psyche über Sie und Ihren Körper haben. Es lohnt sich also umso mehr, das positive Denken zu erlernen!

Burnout

Burnout ist ein englischer Begriff und bedeutet so viel wie »Ausgebrannt-Sein«. Diese Bezeichnung beschreibt einen Zustand, den betroffene Personen als vollkommene mentale »Endstation« empfinden. Der Auslöser dafür ist Stress und dieser Zustand der absoluten mentalen Erschöpfung ist für eine Vielzahl von Menschen bereits zur Realität geworden. Deutlich wird also erneut, welche Macht Stress über Körper und Geist ausübt.

Es stellt sich die Frage, ab wann Stress für Sie eigentlich gefährlich wird und worum es sich genau bei einem Burnout handelt. Dass Stress Sie krank machen kann – bis hin zur vollkommenen Erschöpfung – haben einige wissenschaftliche Studien bereits erwiesen.

Völlig ungefährlich und ganz natürlich für Ihren Körper ist die körpereigene chemische Reaktion Ihres Körpers auf Belastungen oder Anforderungen. Ein gewisses Maß an Stress gehört zum Leben dazu. Verschiedene Stresshormone werden je nach Stärke der Belastung ausgeschüttet. Diese Stresshormone werden allerdings wieder abgebaut, sobald Sie die Situation überstanden haben. Sind Sie gestresst, steigt Ihr Blutdruck und Ihr Puls. Ihre Atmung wird schneller, Ihre Muskeln spannen sich an und all Ihre Sinne sind geschärft.

Gefährlich wird der Stress erst dann, wenn er sich in einen Dauerzustand wandelt. In diesem Fall schüttet Ihr Körper ständig Stresshormone aus. Allerdings erhält Ihr Körper kein Signal, diese Hormone auch wieder abzubauen. Ihr Anspannungszustand will schlicht nicht enden und zehrt Stück für Stück Ihre Kräfte aus. Dieser Zustand führt zu einer sogenannten »Belastungs-Depression«, dem Burnout. Betroffene senden an ihre Umwelt das Signal »Ich kann einfach nicht mehr«. Sie fühlen eine innere Leere, sind müde, erschöpft und handlungsunfähig. Leider werden die Signale, die Betroffene an ihre Umwelt senden, oft nicht in Ihrem gesamten Umfang wahrgenommen und somit auch nicht ernst genommen.

Allein in Deutschland existieren zahlreiche Publikationen zu dem Thema »Burnout«. Allerdings hat sich sowohl die Gesellschaft als auch die Psychotherapie und die Psychiatrie bisher nicht auf eine verbindliche Definition einigen können. Zusätzlich befindet sich in unserer Leistungsgesellschaft kaum Platz für notwendige Erholung, Ruhephasen und Besinnung. Für viele Menschen sind Freizeit und Wochenende ein Fremdwort. Als dementsprechend schwierig stellt es sich für Betroffene heraus, geeignete Behandlungsmethoden zu finden oder auch Arbeitsausfälle und Krankschreibungen vor dem Arbeitgeber zu rechtfertigen.

Nicht alle können bei dem stetig schnellen Wandel der Arbeitswelt und Gesellschaft Schritt halten und Rücksicht wird darauf meist ebenfalls nicht genommen. Also muss sich jede Person, die dabeibleiben will, anpassen und das Tempo mitgehen. Stress bleibt in diesem Fall also meist nicht aus. Um dem entgegenzuwirken, ist es von größter Bedeutung, dass Sie Ihre eigenen Grenzen kennen, Achtsamkeit gegenüber sich selbst entwickeln und sich bewusst werden, dass Ihre eigene Energie kein unerschöpfliches Gut ist.

Die typischen Burnout-Symptome breiten sich immer weiter aus, wenn die Wochenenden und kleinen Erholungsphasen nach Ihrem Feierabend nicht mehr ausreichen, um Ihre Energiereserven wieder aufzuladen. Im Folgenden finden Sie einen Überblick zu einigen der kennzeichnenden Burnout-Symptome:

- **Emotionale Erschöpfung** stellt sich ein, wenn Sie kaum noch positive Gefühle wahrnehmen können. Das, was Ihnen früher Freude und Spaß gemacht hat, empfinden Sie als anstrengend und Ihre Niedergeschlagenheit dominiert.

- Wenn Sie eine Distanz schaffen, um mit beispielsweise dem Stress in Ihrem Job besser umgehen zu können, lässt sich von einer **Depersonalisierung** sprechen. Sie sind nicht mehr in der Lage, den Auslöser des Stresses objektiv zu bewerten und bewerten grundsätzlich negativ und zynisch.
- Gehören Sie zu den Menschen mit einem erhöhten Burnout-Risiko, sind Sie meist überaus engagiert in Ihrem Job und bereit, viel zu leisten. Durch Ihre mangelnde Erholung und den schlechten Schlaf gewinnt Ihre Erschöpfung allerdings Stück für Stück die Überhand. Folgen sind Konzentrationsstörungen, Antriebslosigkeit und Resignation, welche Ihren Alltag dominieren. Dadurch **sinkt Ihr Leistungsniveau** und Ihre Frustration steigt.

- Zu den Risikofaktoren für die Entstehung einer Angststörung gelten langandauernde, von Stress dominierte Belastungen. Somit können **Angststörungen und Panikattacken** mit Burnout-Symptomen verknüpft sein.

- Die Tatsache, dass Sie einfach nicht mehr in der Lage sind, zur Ruhe zu kommen, verstärkt Ihre Erschöpfungs-Beschwerden. **Müdigkeit und Schlafstörungen** schleichen sich in Ihr Leben ein. Meditation wird Burnout-Patienten empfohlen, um Körper und Geist wieder Erholung zu ermöglichen.

- Wenn Sie ständig krank sind, an keiner Erkältungswelle

vorbeikommen und Ihr Körper jeglichen Virus mitnimmt, sollten Sie in sich gehen und überprüfen, ob dies vielleicht ein Zeichen dafür sein könnte, dass Ihr Körper eine dringende Ruhepause braucht. Denn **anhaltender Stress schwächt das Immunsystem**.

- Burnout-Patienten klagen häufig über **Schwindel und Kopfschmerzen**. Häufig tragen daran starke Verspannungen die Schuld, welche infolge dauerhafter Muskelanspannung durch Stress entstanden sind.

Tipps und Tricks: Eine positive Geisteshaltung dauerhaft etablieren

Bei negativen Gedanken und Gefühlen handelt es sich meist um Glaubenssätze, welche durch negative Erfahrungen in der Vergangenheit oder Umgebung geprägt wurden. Sie gehen in vielen Lebenslagen erst einmal vom Schlimmsten aus und erwarten schlicht vorrangig Schlechtes. Sich selbst zu loben stellt für Sie außerdem womöglich eine große Herausforderung dar. Allerdings liegen diese negativen Erfahrungen in der Vergangenheit und besitzen in der Gegenwart eigentlich keine Existenzberechtigung mehr.

Ihre Realität wird durch Ihre Gedanken geschaffen. Das, was Sie denken halten, Sie für wahr und real. Zudem identifizieren Sie sich selbst mit dem, was Sie denken. Dabei sind Gedanken bloß Gedanken. All Ihre Handlungen werden von Ihrer inneren Haltung beeinflusst. Das beeinflusst wiederum, wie Sie auf Ihr Umfeld wirken und das gestaltet letztendlich Ihr Leben. Auf seine Gedanken Acht zu geben ist außerdem nicht bloß für Ihre psychische, sondern auch für die physische Gesundheit und Stabilität von großer Bedeutung.

Um Ihre Aufmerksamkeit auf die positiven Seiten des Lebens zu richten und Ihre negativen Glaubenssätze hinter sich lassen zu können, finden Sie im Folgenden einige Tipps und Tricks, welche sich leicht anwenden lassen.

Negativen Gedanken keine Aufmerksamkeit schenken

Gerade, wenn Sie schon lange die Angewohnheit besitzen, ständig Ihren negativen Gedanken nachzugehen, sind Sie besonders anfällig dafür, sich von den Wellen persönlicher Negativität und Melancholie mitreißen zu lassen und darin zu baden.

Wie Sie schon wissen, haben negative Gedanken die Möglichkeit, eine gewaltige Macht über Sie auszuüben. Allerdings nur, wenn Sie es Ihnen erlauben und es einfach geschehen lassen. Häufig werden Ihre »Dämonen« von Ihnen selbst gespeist. Dabei können Sie derartig negativen Gedanken einfach Ihre Aufmerksamkeit entziehen. Wenn Sie also wieder einmal in Selbstvorwürfen, Sorgen und Ängsten versinken, ziehen Sie einen Schlussstrich und wenden sich positiven Gedanken oder Tätigkeiten zu.

»An sich ist nichts weder gut noch böse, das Denken macht es erst dazu.«
(William Shakespeare)

Eliminieren Sie schlechte Angewohnheiten

97 % Ihrer Denkleistung wird von Ihrem Unterbewusstsein bestimmt. Damit unterliegen Ihre Neigungen, Gewohnheiten und Ihre Reaktionen zum größten Teil der Steuerung Ihres Unterbewusstseins. Auch negative Glaubenssätze sind so tief in Ihnen verankert, dass Sie wie auf Autopiloten in Ihrem Unterbewusstsein agieren. Wichtig ist, dass Sie erkennen, wenn aus Ihren Gedanken und Taten einer Ihrer negativen, unterbewussten Glaubenssätze spricht. Üben Sie sich dafür in Selbstreflexion und beobachten Sie genaustens Ihre Gedanken, Ihr Handeln und Ihre Worte. Sobald Sie beginnen, negative Glaubenssätze auf frischer Tat zu ertappen, können Sie damit beginnen, diese durch positive zu ersetzen. Damit »programmieren« Sie Ihr Unterbewusstsein in die positive Richtung um und profitieren davon auf lange Sicht in vielerlei Hinsicht.

Der sogenannte »Priming-Effekt« ist ebenfalls ein nützliches Tool, wenn es darum geht, Ihr Unterbewusstsein auf positives Denken zu programmieren. Platzieren Sie kleine Erinnerungen oder hängen Sie kleine Zettel in Ihrer Umgebung auf, die Sie an Ihre Ziele erinnern. Sie können sich auch mit kleinen Remindern die Situationen vor Augen halten, in welchen Sie durch Ihr positives Denken schon profitieren konnten. Motivierende Zitate liegen auch im Rahmen des Möglichen. Nutzen Sie alle Ressourcen, aus denen Sie Positivität schöpfen und für sich etablieren können.

Sich von den tief sitzenden, aus der Kindheit stammenden, Überzeugungen zu lösen und durch positive zu ersetzen, erfordert eine ganze Menge Geduld, Willenskraft und Selbstdisziplin. Allerdings werden Sie überrascht sein, welch große Auswirkungen diese positiven Veränderungen auf Ihr Selbstbewusstsein, Ihre Zufriedenheit und Ihre Gelassenheit haben werden.

Referenzerlebnisse negativer Natur aus der Vergangenheit

Negative Erfahrungen aus der Vergangenheit können langfristig Einfluss auf Ihre Gedanken und Gefühle der Gegenwart haben. War beispielsweise ein Vorhaben in der Vergangenheit nicht erfolgreich, könnte Ihr Verstand fälschlicherweise darauf schließen, dass es Ihnen auch in Zukunft niemals gelingen wird.

Um Ihnen verständlich zu zeigen, wie fatal diese Tatsache sein kann, finden Sie im Folgenden eine kurze Geschichte zur Verdeutlichung.

»Ein Mann sah eines Tages einen Zirkuselefanten in Indien. Dieser jedoch war an einen sehr dünnen Stock gebunden, der nur 50 Zentimeter im Boden steckte. Also fragte der Mann den Zirkusbesitzer: „Wie kann es sein, dass dieser Elefant nicht einfach wegläuft und diese lächerliche Stange aus dem Erdreich reißt?"

Der Zirkusbesitzer antwortete: Als der Elefant noch sehr jung war, hat er die Flucht monatelang versucht, aber damals war er noch klein und schwach. Dennoch denkt er noch heute, dass er seine Bindung an diesen Stock nicht überwinden kann.«

(vgl. https://www.flowfinder.de/positiv-denken-lernen/,

(25.04.2020))

Durch die Erfahrungen, die der Elefant in der Vergangenheit machte, ließ er sich auch in der Gegenwart seiner Freiheit und seines Glückes berauben. Sie müssen sich vor Augen führen, dass Sie sich seit Ihrem negativen Erlebnis verändert haben und mental gewachsen sind. Lassen Sie keine Chancen verstreichen, bloß, weil Sie Rückschläge erlitten haben. Stehen Sie auf und versuchen Sie es erneut! Mit Hilfe der Kraft Ihrer positiven Gedanken werden Sie einiges bewirken können.

Herausfinden, was genau Sie belastet

Verallgemeinerungen wie »Es ist doch einfach alles Mist« sind leider sehr weit verbreitet. Solche Verallgemeinerungen wandeln sich allerdings schnell in echte, destruktive Glaubenssätze um. Läuft eine Sache schief, ist gleich das ganze Leben eine einzige Krise und nichts bereitet mehr Freude. Dabei geben Sie einer einzigen Sache, die wahrscheinlich gar keine so große Rolle spielt, wie es scheinen mag, die Macht über die restlichen Aspekte Ihres Lebens. Statt gleich alles in einen Topf zu werfen, sollten Sie sich lieber fragen, woher eigentlich Ihre Negativität rührt. Sobald Sie der Ursache auf den Grund gegangen sind, ist es Ihnen möglich, diese direkt anzugehen. Außerdem sind Sie wieder in der Lage, Situationen weniger impulsiv und realistischer zu bewerten.

Den Fokus lenken lernen und immer das Gute in Situationen suchen

Glücklich zu sein und positive Gedanken zu hegen, wenn im Leben gerade alles gut läuft, ist keine Herausforderung. Schwierig wird es erst, wenn es darum geht, diese positive Haltung zu bewahren, wenn es gerade nicht so einfach ist.

Völlig gleich, was Ihnen das Leben bringt, Sie besitzen die Freiheit, entscheiden zu können, wie Sie darauf reagieren und ob Sie Ihren Fokus stets auf die positiven Seiten lenken. Fragen Sie sich also so oft Sie können, welche positiven Aspekte Sie aus Ihrer Situation ziehen und zudem genießen können. Sie werden garantiert immer fündig werden. Fehler können als lehrreiche Lektion und Steine in Ihrem Weg als Herausforderung interpretiert werden. Wenn Sie abends beispielsweise keinen Parkplatz finden, können Sie sich entscheiden, sich zu ärgern, oder Sie genießen die Bewegung an der frischen Luft. Das Leben steckt voller Chancen, Sie müssen lediglich Ihre Augen dafür öffnen. Auf diese Weise lassen sich negative Gedanken letztendlich in positivere umwandeln. Selbst, wenn eine unschöne Situation oder ein harter Schicksalsschlag »lediglich« zu Ihrer Persönlichkeitsentwicklung beitragen sollte.

Den Tag mit positiven Gedanken beginnen

Sie kennen doch sicherlich den Spruch: »Der Morgen macht den Tag«. Dort steckt viel Wahres hinter, denn wenn Sie bereits morgens damit beginnen, sich positive Gedanken zu machen, wird dies einen guten Einfluss auf den restlichen Verlauf Ihres Tages nehmen.

Versetzen Sie sich für diese Übung jeden Morgen in eine Situation, in welcher es Ihnen sehr gut ging, Sie glücklich waren und sich wohlgefühlt haben. Versuchen Sie, diese Gefühle wieder hervorzurufen und genießen Sie sie.

Was Sie aus Ihrem Leben verbannen sollten

Von der Opferrolle verabschieden und Vergleiche vermeiden

Wer positives Denken kultivieren möchte, muss zuallererst Verantwortung für das eigene Leben übernehmen. Hören Sie auf sich zu fragen, warum gerade Ihnen immer wieder negative Dinge geschehen. Wenn Ihnen bewusst geworden ist, wie viel Sie in Ihrem Leben selbst in der Hand haben, werden Sie die Möglichkeiten, die Ihnen geboten werden, viel wahrscheinlicher wahrnehmen.

Statt sich mit Menschen zu vergleichen, denen es viel schlechter geht, wird sich oft mit denen verglichen, die es in Ihren Augen vermeintlich besser haben als Sie selbst. Der bessere Job, das schönere Haus, der schlankere Körper oder das hübschere Gesicht. Diese Vergleiche werden Sie niemals glücklich machen, sondern eher das genaue Gegenteil bewirken.

Hinzu kommt, dass Sie andere Menschen oft für glücklicher halten, als sie wirklich sind. Besonders in sozialen Medien kann dieser Eindruck erweckt werden, da die meisten Menschen dazu neigen, nur das Positive über sich und ihr Leben zu posten.

Vergleichen Sie sich konstant mit anderen, richten Sie Ihren Fokus nach außen und weg von dem, was eigentlich zählt – Sie selbst.

Dazu zählen auch Ihre Ziele, Ihre eigenen Vorzüge und Stärken. Vermeiden Sie es also, sich mit anderen Menschen zu vergleichen. Völlig gleich, ob es darum geht, auf jemanden herabzublicken oder zu jemand anderem aufzuschauen.

Wenn Sie etwas verbessern möchten, dann fangen Sie bei sich selbst an!

Hilfreich kann es auch sein, die Nutzung der sozialen Medien bewusst zu dosieren.

Materielles »Glück« ist vergänglich. Doch persönliches Glück kommt altersunabhängig von innen.

Ein negatives oder pessimistisches Umfeld

Das soziale Umfeld übt einen enormen Einfluss auf Sie aus. Sowohl positive als auch negative Einstellungen der Menschen um Sie herum können auf Sie abfärben. Die »Average of Five«-Regel besagt sogar, dass Sie der Durchschnitt aus den fünf Menschen sind, mit welchen Sie in

Ihrem Leben am meisten Zeit verbringen. Ob sich diese Regel auch für Sie bewahrheitet, können Sie überprüfen, indem Sie darüber nachdenken, ob Sie bezüglich vieler verschiedener Bereiche ähnlich denken und ähnliche Wertvorstellungen haben wie die Menschen aus Ihrem näheren Umfeld.

Das soll keinesfalls bedeuten, dass Sie sich jetzt von all Ihren eher pessimistisch eingestellten Freunden verabschieden sollten. Allerdings wirken diese Personen wie negative Verstärker und steigern die Dinge, die Sie belasten und herunterziehen. Sie sollten also in Erwägung ziehen, sich Freunde zu suchen, die positiverer Natur sind und Sie daran erinnern, dass das Leben keine Bürde ist. Wenn Sie beispielsweise zum Geiz neigen, suchen Sie die Nähe von großzügigen Menschen. Sind Sie normalerweise ein Einzelkämpfer, wollen dies aber ablegen, freunden Sie sich mit geselligen Personen an. Die Eigenschaften, Denkweisen und Emotionen dieser Menschen werden auf Sie abfärben! Es wird Sie inspirieren und antreiben, da sowohl negative als auch positive Qualitäten ansteckend wirken.

Wenn Sie lernen, positiver zu denken, sollten Sie nicht bloß aus der Positivität Ihrer Freunde profitieren – seien Sie selbst eine Quelle für Optimismus! Niemand hat etwas gewonnen, wenn Sie immer pessimistisch sind und die Zweifel der anderen Menschen schüren.

Wenn es sich bei Ihrem Umfeld allerdings um teilweise ungesunde Kontakte oder gar toxische Beziehungen handelt, sollten Sie ernsthaft in Erwägung ziehen, sich von derartigen Personen zu verabschieden. Diese zehren Ihre Energie, bereiten Ihnen Kummer und Sorgen und beeinflussen Ihr Handeln und Denken auf negative Weise. Sie tun Ihnen schlicht nicht gut.

Diese Art der Beziehungen werden Sie immer bloß belasten und Ihre Gefühlswelt negativ beeinflussen. Eine positive Veränderung wird sich für Sie schon nach kürzester Zeit einstellen, wenn Sie solche Kontakte hinter sich lassen.

Nachrichten und soziale Medien für mehr Erfolg und persönliches Glück dosieren

Oft werden Sie täglich schon nach dem Aufwachen von einer Flut an Informationen überrollt. »Good news are no news« ist in der Medienwelt eine sehr verbreitete Maxime, als welchem Grund größtenteils über Katastrophen, Gewalttaten oder sonstige negative Geschehnisse berichtet wird. Dadurch wird in Ihnen der Eindruck erweckt, dass fast ausschließlich Schlimmes in der Welt abläuft, da Ihnen das Verhältnis von negativen zu positiven Ereignissen realistisch erscheint. Nachrichten besitzen also die Macht, Sie genau wie Ihr Umfeld zu formen. Dabei geschehen täglich auch ebenso viele positive Dinge!

Natürlich ist es wichtig, über das was geschieht, informiert zu sein, allerdings sollten Sie die Nachrichten dosieren. Dies wird den Eindruck, es würde nur Schlechtes geschehen, deutlich abmildern, da Sie nicht durchgehend mit Negativem regelrecht bombardiert werden.

Der Glücksforscher Shawn Achor zeigte mit seinen Forschungsergebnissen, dass es nicht der Erfolg sei, der zum persönlichen Glück beitrage. Es sei die richtige Einstellung, mit welcher man Glück empfinde und daraus letztlich Erfolg entstünde. Somit lässt sich also ebenfalls sagen, dass es nicht die Realität ist, die Ihnen Form gibt. Es ist die »Linse«, durch die Ihr Gehirn schaut und mit diesen Informationen Ihre Realität formt. Tauschen Sie also diese Linse aus, können Sie Ihr persönliches Glück aus eigener Kraft beeinflussen.

Sehr gut zu wissen ist für Sie außerdem, dass es **nicht der eigene IQ ist, welcher über Ihren Erfolg entscheidet, sondern sind es viel mehr die persönlichen Eigenschaften wie die Fähigkeit, gut mit Stress umzugehen und Optimismus**.

In seinen Studien konnte Achor nachweisen, dass **Ihr Gehirn in einem positiven Zustand einen sogenannten »Glücksvorteil« erlebt und somit in der Lage ist, bessere Leistungen zu erzielen.** Positivität macht Ihr Gehirn um 31 Prozent produktiver als in einem neutralen, gestressten oder gar negativen Zustand. Positiv zu denken wirkt also wie Doping auf Ihr Gehirn. Sie werden schneller, besser und motivierter. Denken Sie also von Beginn an, dass Sie wahrscheinlich scheitern werden, wird dies auch mit einer sehr hohen Wahrscheinlichkeit eintreten.

Sich die eigenen Erfolge vor Augen halten und negative Prognosen widerlegen

Bei genauerer Betrachtung haben Sie in Ihrem Leben schon eine ganze Menge erreicht. Dies wird Ihnen möglicherweise oft nicht bewusst sein, weshalb Sie eine Liste all Ihrer Erfolge anfertigen sollten. Diese Erfolge reichen von dem großen Baum, den Sie als Kind endlich geschafft haben zu erklimmen, bis hin zu Ihren Schulabschlüssen, Ihren Kindern, Ihrem Beruf und allem anderen, was Sie sich je vorgenommen und erreicht haben. Dazu zählen ebenfalls banale Dinge, wie endlich diesen Schal zu Ende zu stricken oder sich diese oder jene kleine Sache anzueignen.

Durch solch eine Liste führen Sie sich all Ihre Erfolge vor Augen, die dem überwiegen werden, was Sie bisher noch nicht erreicht haben. Und vielleicht weckt Sie in Ihnen Zuversicht, auch weiterhin die Dinge, die Sie sich vornehmen, meistern zu können.

Um negative Grundhaltungen abzulegen, können Sie zudem versuchen, Ihre eigenen negativen Prognosen herauszufordern und zu widerlegen. Meist werden Sie im Nachhinein feststellen, dass Ihr anfänglicher Pessimismus unbegründet war. Wenn Ihnen bewusst geworden ist, dass nicht ständig alles schiefgeht, können Sie folglich in Zukunft von Beginn an positiver an die Dinge herangehen.

Außerdem könnte es für Sie hilfreich und inspirativ sein, Erfolgsgeschichten anderer Menschen zu lesen. Besonders die Geschichten derjenigen Menschen, die schon einmal am Boden waren, aber wieder aufgestanden sind und alles gegeben haben. Derartige Erfolgsgeschichten machen deutlich, dass alles möglich ist und Sie an Ihre eigenen Fähigkeiten glauben sollten. Rückschläge widerfahren jeder Person und werden Sie stärker aus diesen Situationen hervorgehen lassen.

Zügig einschlafen, trotz vieler Gedanken

Vielleicht gehören Sie zu den Menschen, die aufgrund ihrer ständig kreisenden Gedanken Probleme beim Einschlafen haben. Verstärkt wird dieses Problem zusätzlich, wenn Sie sich zu sehr darauf konzentrieren und sich darüber ärgern, dass Sie nicht einschlafen können, da Sie dadurch bloß noch wacher werden. Zuerst – all die Tipps und Tricks, die Ihren Geist tagsüber beruhigen, werden auch eine positive Wirkung auf Ihren Schlaf haben. Dennoch gibt es noch ein paar weitere Aspekte, welche Sie vor dem Schlafengehen beachten sollten.

- **Keine Nachrichten vor dem Schlafengehen anschauen.** Ihr Gehirn wird alle (meist) negativen Informationen aufnehmen und unbewusst weiter darüber nachdenken, um Lösungen für diese Probleme zu finden. Das Gehirn versucht nämlich auf alle Fragen Antworten zu finden und wer kann schon einschlafen, wenn er oder sie über die Lösung der Probleme der Welt nachdenkt?

- **Bringen Sie Ihren Kopf zur Ruhe. Lassen Sie Ihr Gehirn abends langsam »herunterfahren«.** Das bedeutet, dass Sie möglichst keine unangenehmen oder schwierigen Diskussionen mit Ihrem Partner oder Partnerin oder gar Ihren Kindern beginnen. Vermeiden Sie es, etliche Posts auf Social-Media-Kanälen zu lesen oder aufregende Action-Filme zu schauen. All diese Dinge überfluten Ihr Gehirn mit Informationen, die es letztlich zu verarbeiten versucht, wenn Sie eigentlich gerade einschlafen wollen.

- **Legen Sie Ihre Sorgen auf den Nachttisch.** Sie kennen es sicher – oft fällt Ihnen abends im Bett noch etwas ein, woran Sie unbedingt denken müssen. Halten Sie aus diesem Grund immer Stift und Papier auf Ihrem Nachttisch bereit. Wenn Ihnen das nächste Mal etwas einfällt, das Sie nicht vergessen dürfen, können Sie es einfach aufschreiben. So haben Sie diesen Gedanken »gesichert« und Sie können beruhigt einschlafen. Selbstverständlich funktioniert diese Technik auch mit all den anderen Gedanken, Sorgen oder Problemen, die Sie am Einschlafen hindern. Schreiben Sie sie auf und denken Sie sich: »Ich kümmere mich morgen darum, wenn ich mich ausgeschlafen habe. Dann sieht die Welt wahrscheinlich ohnehin wieder anders aus«.

Methoden und Techniken für mehr Positivität in Ihrem Leben

Das Selbstbewusstsein stärken

Bei dem Begriff Selbstbewusstsein geht es darum, wie das Wort selbst schon verrät, dass Sie selbst sich bewusst sind. Ihre Gedanken, Emotionen und Handlungen haben sich über viele Jahre hinweg automatisiert. Sie haben aufgehört, über diese zu reflektieren.

Dadurch kennen Sie sich nicht so gut, wie Sie vielleicht glauben. Häufig können Sie selbst nicht einmal sagen, ob Sie glücklich sind, was Sie glücklich macht oder auch machen könnte. Ihre negativen Gedanken werden durch den sich selbst bestätigenden Kreislauf Ihrer Selbstzweifel, negativen Erlebnisse und Ängste, in dem Sie leben, weiter verstärkt.

Selbstbewusste Menschen besitzen ein sehr wirklichkeitsnahes Selbstbild und sind damit im klaren Vorteil. Sie sind in der Lage, sich selbst, Ihre Denkmuster, damit zusammenhängende Emotionen und Ihre Handlungen aktiv und rational zu lenken. Somit können selbstbewusste Personen Dinge loslassen, die sie nicht glücklich machen, wichtige Entscheidungen treffen und gezielt Personen, Berufe oder Hobbys suchen, die ihnen guttun. Eine tiefe, innere Zufriedenheit wirkt auf andere Menschen sehr attraktiv, aus welchem Grund selbstbewusste Menschen sowohl privaten als auch beruflichen Erfolg geradezu mühelos anziehen.

Die Begriffe »Selbstbewusstsein« und »Selbstvertrauen« haben unterschiedliche Bedeutungen, auch wenn sie häufig als Synonyme verwendet werden. Wenn Sie in der Lage sind, sich selbst bewusst wahrnehmen zu können, können Sie viel deutlicher Ihre Stärken und Schwächen erkennen.

Somit ist das Selbstvertrauen nur ein Aspekt des gesamten Selbstbewusstseins.

Weiß eine selbstbewusste Person also, was sie sich zutrauen kann und wo ihre Grenzen liegen, erlangt diese ein besonders starkes Vertrauen in ihre eigenen Fähigkeiten. Sie trauen sich mehr zu, was für den persönlichen und beruflichen Erfolg unerlässlich ist.

Wichtig hierbei ist dennoch, dass sich das Selbstbewusstsein in einem gesunden Maße bewegt. Auch, wenn Selbstbewusstsein und Selbstvertrauen einen großen Beitrag zu einem rundum erfüllten Leben leisten, sollte man eine gute Balance finden. Manche Menschen legen sich auch ein künstliches Selbstbewusstsein als Fassade und Schutzmechanismus zu, um damit die eigene Unsicherheit zu verbergen. Hinter dieser Fassade befindet sich oft ein unsicherer, narzisstisch veranlagter Charakter, welcher damit früher oder später ins Straucheln geraten wird.

Tatsächlich hat ein Großteil der Bevölkerung ein Problem mit dem eigenen Selbstwertgefühl. Dadurch, dass manche Menschen dem Anschein nach zu viel Selbstwertgefühl zu haben scheinen und Ihnen sowohl beruflich als auch privat alles zu gelingen scheint, haben immer mehr Menschen mit einem Mangel an Selbstbewusstsein zu kämpfen.

Dieser Sachverhalt führt dazu, dass sich die Gesellschaft immer mehr zum Narzissmus hin entwickelt. Der Grund dafür, dass manche Menschen ein gesundes Selbstbewusstsein von Natur aus besitzen und andere Menschen hart dafür arbeiten müssen, liegt wie so häufig in der Kindheit. Denn in dieser entsteht die Basis für ein späteres entweder gesundes oder mangelndes Selbstbewusstsein. Die folgenden Erlebnisse in der Jugend und dem frühen Erwachsenenalter festigen entweder die eine oder andere Basis. Allerdings gibt es Möglichkeiten, um Selbstbewusstsein aktiv zu erlernen und zu stärken.

Auch beim Stärken des Selbstbewusstseins spielt die selbsterfüllende Prophezeiung wieder eine große Rolle. Denn, was Sie denken, wird auch geschehen. Drehen Sie die negative Spirale um, indem Sie sich auf die positiven Erlebnisse fokussieren. Natürlich ist das leider einfacher gesagt als getan, da Ihre negativen Gedanken und Emotionen sehr tief in Ihrem Inneren verwurzelt liegen. Theoretisch muss Ihr Gehirn dazu gebracht werden, seine neuronalen Verbindungen neu zu verknüpfen.

Alltägliche Verhaltensweisen, um Ihr Selbstbewusstsein zu stärken, wären beispielsweise aufrecht zu gehen, Ihren Körper durch sportliche Aktivitäten zu stärken, sich selbst nicht zu ernst zu nehmen und so viel zu lachen wie möglich. Außerdem offen auf Menschen zuzugehen, Kritik an-, aber nicht persönlich zu nehmen, Komplimente anzunehmen und für Sie selbst, Ihre Grenzen und Bedürfnisse einzustehen. Zudem finden Sie im Folgenden drei Übungen, welche Sie außerhalb Ihres alltäglichen Verhaltens anwenden können.

Sich von negativen Gedanken verabschieden. Dieser Punkt ist gleich zu Beginn der herausforderndste, aber zugleich auch essenziell für ein größeres Selbstbewusstsein. Mit dem folgenden Trick können Sie sich behilflich sein:

Schneiden Sie aus einem Stück Stoff, dickem Papier oder Pappe einen ungefähr 30 cm langen Streifen aus. Diesen färben Sie nun, ähnlich wie eine Ampel, ein. Je 10 cm grün, gelb und rot. Wenn Sie sich fortan dabei erwischen, wie Sie sich Ihren negativen Gedanken hingeben oder sich selbst kritisieren, schneiden Sie einen Zentimeter des noch grünen Streifens ab. Im Laufe der Zeit werden Sie immer weiter auf den gelben oder gar roten Teil zusteuern. Vielleicht werden Sie den Streifen zu Beginn öfter neu erstellen müssen. Jedoch werden Sie merken, dass Sie irgendwann immer seltener einen Zentimeter abschneiden müssen. Somit können Sie Ihren Erfolg visualisieren und diesem zusehen.

Mut in 30 Sekunden fassen. Unwichtig, ob spontan oder nicht, wenn eine Situation eintritt, vor der Sie sich fürchten, nehmen Sie sich 30 Sekunden Zeit, um sich zu sammeln. Diese 30 Sekunden nutzen Sie, um ruhig und tief zu atmen. Sie schließen Ihre Augen und zählen konzentriert von 30 bis 0. Nach diesen 30 Sekunden gibt es kein Zurück mehr. Versuchen Sie diesen Moment, an dem es kein Zurück mehr gibt, zu mögen. Sind Sie beim Zählen bei null angekommen, stehen Sie also direkt auf und gehen die Situation an.

Sich selbst lieben lernen. Selbstbewusstsein und Selbstliebe gehen Hand in Hand. Viele Menschen wissen aber leider nicht, wo Sie anfangen sollen, wenn Sie lernen wollen, sich selbst zu lieben. Versuchen Sie zu Beginn, erst einmal mindestens 10 Dinge aufzuschreiben, die Sie an sich mögen. Ihre Augen, vergangene Erfolge oder Ihre Hilfsbereitschaft. Jeder Mensch hat etwas, das er gut kann, jeder besitzt liebenswerte Eigenschaften und jeder hat bereits Erfolge gehabt. Wenn Sie mit der Liste begonnen haben, werden Ihnen mit der Zeit immer mehr Dinge einfallen. Sie müssen nicht gleich jedes Detail an sich mögen. Aber jeder hat Makel und das ist gut und richtig! Fokussieren Sie sich auf die Dinge, die Sie an sich mögen und arbeiten Sie an den Makeln, die Sie verändern möchten.

Auf die eigenen Bedürfnisse und Grenzen achten

Wenn es darum geht, auf die eigenen Bedürfnisse und Grenzen zu achten, ist es wichtig »Nein« sagen zu lernen. Wie sollen Sie positiv bleiben, wenn Sie sich ständig für andere übernehmen und über Ihre eigenen Grenzen hinwegschauen? Sie sollten gut für sich sorgen und auf Ihren Körper und Geist hören. Diese werden Ihnen mitteilen, wie viel Sie sich zumuten können und wann Sie auch an sich denken sollten.

Zudem ist es auch sehr wichtig, dass Sie für sich selbst einstehen. Wenn Sie jemand respektlos behandelt, herabwürdigt oder im Begriff ist, Ihre Grenzen zu überschreiten, sollten Sie ganz deutlich machen, dass Sie das nicht mit sich machen lassen. Sie bestimmen Ihren Wert!

Dankbarkeit üben

Es ist ein Irrtum, zu glauben, dass man erst dann dankbar sein kann, wenn man alles hat, was man haben und erreichen möchte. Selbst in jenen Augenblicken dankbar zu sein, in denen etwas »okay« läuft, fördert Pessimismus. Dankbarkeit hingegen ist eine Quelle der Positivität und guter Gedanken.

Seien Sie dankbar dafür, dass Sie die Kraft und Möglichkeit besitzen, **anderen Menschen helfen zu können**. Es ist ein wunderbares Gefühl, zum Glück anderer Menschen beizutragen.

Das Leben räumt Ihnen zahlreiche Chancen ein. Wenn Sie das Glück haben, hier in Deutschland oder Europa geboren zu sein, wo Ihre Freiheit nicht durch beispielsweise eine Diktatur eingeschränkt wird, bieten sich Ihnen wirklich viele Möglichkeiten. Dies ist ein echtes Privileg, da derartige Freiheiten und Möglichkeiten in anderen Ländern schlicht nicht existieren.

Dankbar für Gesundheit sein. Sie sollten sich an jedem Morgen, an dem Sie ohne ernsthafte Erkrankung und ohne Schmerzen aufwachen, bewusst machen, welch ein Glück dies ist. Erinnern Sie sich daran, wie viele Menschen nicht von sich behaupten können, solch ein Glück zu haben.

Oft neigt man dazu, zu vergessen, wie gut es einem eigentlich geht und man verlernt beständige Kleinigkeiten zu schätzen.

Dankbarkeitstagebuch

Führen Sie ein Dankbarkeitstagebuch, wird Ihnen ziemlich schnell bewusst werden, dass in Ihrem Leben die positiven Dinge überwiegen. Auch, wenn es gerade nicht so rosig aussieht, gibt es dennoch eine Vielzahl positiver Dinge in Ihrem Leben, für die Sie sehr dankbar sein können. Durch das Führen eines Dankbarkeitstagebuchs trainieren Sie Ihren Verstand darauf, sich automatisch auf die guten Seiten des Lebens zu fokussieren. Folglich werden Sie im Allgemeinen eine positivere und zufriedenere Grundhaltung annehmen.

Bauen Sie das Schreiben in Ihr Dankbarkeitstagebuch in Ihre tägliche Routine ein. Schreiben Sie 3 bis 10 Dinge auf, für die Sie heute dankbar sind. Dabei macht es nichts, wenn es sich dabei oft um ähnliche oder gar die gleichen Dinge handelt. Wichtig ist bloß, dass Ihnen zu jeder Zeit bewusst ist, dass diese Dinge in Ihrem Leben existieren und Sie sich auf diese Dinge fokussieren.

Vielleicht sind Sie heute dankbar für die Sonne auf Ihrer Haut, für Kreativität, den Duft Ihres Mittagessens, Musik, Ihre Familie und Freunde oder vielleicht hatten Sie heute sogar ein kleines Erfolgserlebnis. Es ist nicht von Bedeutung, wie banal diese Dinge scheinen mögen.

Sie werden sehen, dass Ihnen schon bald immer mehr Dinge auffallen werden, für die Sie dankbar sind und die Ihnen guttun. Dieser Mechanismus wird schon bald von allein funktionieren. **Sie lernen, die kleinen Dinge des Lebens zu schätzen.**

Lächeln

Es klingt banal, aber bewusst zu lächeln wird zu Ihrer Entspannung und Zufriedenheit beitragen. Forschungen haben ergeben, dass Glückshormone, also Dopamin, durch einen positiven Gesichtsausdruck nahezu sofort freigesetzt werden. Durch die Muskelkontraktionen Ihres

Gesichtsausdrucks können Sie Ihrem Gehirn also selbst mitteilen, wie es Ihnen geht. Diese Technik wird Ihnen ebenfalls dabei helfen, das Leben von der sonnigeren Seite zu betrachten.

Zudem werden Menschen, welche Sie gerade erst kennenlernen, Sie mit einem Lächeln auf den Lippen deutlich sympathischer finden. Oft werden Sie dadurch ebenfalls ein Lächeln erhalten. Durch ein Lächeln des Gegenübers sind beide Personen glücklicher – eine Win-win-Situation! So sorgen Sie selbst dafür, dass Sie sich mit mehr Zufriedenheit, Vertrauen und Glück umgeben.

Wagen Sie das Experiment und lächeln Sie einfach fremde Menschen auf der Straße oder in der U-Bahn an. Sie werden überrascht von dem Ergebnis sein.

Aber auch eine Veränderung Ihrer allgemeinen Körperhaltung kann schon einiges bewirken. Richten Sie sich auf, ziehen Sie Ihre Schultern zurück und drücken Sie Ihre Brust heraus. Lächeln Sie und atmen Sie tief ein und aus. Sie werden sich selbstbewusster, energetischer und stärker fühlen.

Affirmationen

Unter Affirmationen für positives Denken versteht man eine erfolgreiche Methode des Mentaltrainings. Diese werden in gezielter Form dafür genutzt, Gedanken »umprogrammieren« zu können. Festgefahrene Denkmuster sollen durch konkret formulierte Sätze aufgelöst werden und zu neuem Selbstbewusstsein führen. Durch die regelmäßige Anwendung dieser Affirmationen kann positives Denken trainiert werden. In diesem Augenblick, in dem eine feste positive Überzeugung aus den Gedanken geworden ist, haben Sie für eine positive Veränderung den Grundstein gelegt. Auf diesem Weg bietet sich Ihnen die Möglichkeit, aus Ihren Überzeugungen Tatsachen werden zu lassen. Diese Technik nennt sich auch Autosuggestion und bildet einen Bestandteil von mentalem und autogenem Training.

Einige Ihrer Affirmationen, um positive Gedanken zu kultivieren, könnten folgende sein:

- Ich fühle mich wohl in meinem Körper und ich bin gesund.
- Ich werde in naher Zukunft mehr Geld verdienen.
- Ich bin genug.
- Ich bin genau richtig und akzeptiere mich wie ich bin.
- Ich erlaube mir, mich selbst an erste Stelle zu setzen.
- Ich bin glücklich und erfüllt.
- Ich habe alles, was ich brauche.
- Ich bin wertvoll und verdiene es, geliebt zu werden.
- Ich liebe mich.
- Ich werde meine Ziele erreichen.
- Alles wird gut werden.
- Ich bin dankbar.
- Das Leben ist schön.
- Ich gebe mein Bestes.

Wiederholen Sie diese Affirmationen regelmäßig, können sich die Inhalte dieser in Ihren Gedankenstrukturen festigen. Demnach programmieren Sie Ihr Denken auf positiv um.

Dieses Konzept mag esoterisch und naiv klingen. Allerdings ist durch psychologische Studien erwiesen, dass unser Denken, Handeln und Fühlen eng miteinander verknüpft sind und sich wechselseitig bedingen. Dabei ist die Erkenntnis, dass sich positives Denken auf das Wohlbefinden auswirkt nicht sonderlich neu. Der amerikanische Schriftsteller und Heilpraktiker Phineas Parkhurst Quimby beschäftigte sich bereits in der zweiten Hälfte des 19. Jahrhunderts mit den Folgen negativen Denkens. Zudem ist die Sachbuchautorin Louise Hay heute unter einer breiten Öffentlichkeit bekannt. Sie befasste sich ebenfalls mit den

Effekten des positiven Denkens auf das Wohlbefinden und auf die Gesundheit im Allgemeinen. Ihre Bücher umfassen die Themen Selbstmotivation, Meditation und Ermutigung. Sie wurden bisher in 30 Sprachen übersetzt.

Leider sind in unserer Kultur vorrangig negative Glaubenssätze verankert. Versuchen Sie, ein wenig zu reflektieren, werden Sie wahrscheinlich recht zügig zu dem Schluss kommen, dass einige Ihrer negativen Affirmationen noch aus Ihrer Kindheit stammen. Unglaublich, dass die Kindheit so einen immensen Einfluss auf das gesamte restliche Leben nimmt. Negative Affirmationen aus Ihrer Kindheit, welche sich bis zum heutigen Tag beispielsweise auf Ihren Job auswirken, können sein:

- Immer bin ich so langsam.
- Ich schaffe es nie, irgendetwas zu Ende zu bringen.
- Ich bin so chaotisch und unstrukturiert.
- Ich bin nicht in der Lage, logisch zu denken.
- Ich werde es wahrscheinlich nie zu etwas bringen.
- Ich bin unsportlich und zu faul.

Bei diesen negativen Affirmationen handelt es sich allerdings meist um Zuschreibungen anderer Personen.

Oft stammen diese Zuschreibungen von den Menschen aus Ihrem näheren Umfeld. Beispielsweise von Ihren Eltern, engen Freunden, Geschwistern oder anderen Verwandten. Auch, wenn diese Personen mit diesen Zuschreibungen keine bösen Absichten verfolgen, Sie beiläufig erwähnen oder nicht richtig darüber nachgedacht haben, können sie einen großen Einfluss auf Sie haben. Besonders, da Ihnen diese Personen nahestehen und Ihnen ihre Meinung am Herzen liegt. Ähnlich wie bei der selbsterfüllenden Prophezeiung fangen Sie an, diese Zuschreibungen zu glauben, je öfter Sie diese zu hören bekommen. Sie setzen sich in Ihrem Gehirn fest und kratzen an Ihrem Selbstwertgefühl. Dementsprechend werden Sie letztendlich handeln.

Tatsächlich kann es dabei auch zu einer Verkettung negativer Ereignisse und Handlungsmuster führen. Besitzen Sie ein recht geringes Selbstvertrauen, werden Sie mit hoher Wahrscheinlichkeit Schwierigkeiten in Ihrem Berufsleben haben. Sie sind weniger offen dafür, Neues auszuprobieren, da Sie sich lieber in Sicherheit wiegen, statt etwas zu riskieren und später damit eventuell Fehler zu machen. Ohne Risiken in Kauf zu nehmen wird allerdings beispielsweise kein erfolgreiches Unternehmen entstehen können.

Genauer betrachtet, bremsen Sie sich und Ihre Entwicklung von Beginn an aus und ruhen sich auf Ihrer aktuellen Situation aus. Sie verfolgen keine richtigen Ziele. Aus Fehlern könnten Sie eigentlich lernen, neue Erkenntnisse erzielen, sich verbessern und neue Ideen entwickeln. Wenn Sie sich allerdings von Anfang an nichts zutrauen, könnten Sie im schlimmsten Fall in einem Beruf landen, welcher Sie eigentlich weder interessiert noch fördert. Den Weg aus solch einer Situation zu finden, wäre eine sehr große Herausforderung.

Dabei können Sie Ihren Beruf zur Selbstverwirklichung nutzen! Sie haben die Möglichkeit, Ihren wahren Interessen und Neigungen zu folgen und sich dadurch zu entwickeln und daran zu wachsen. Sind Sie in Ihrem Job erfolgreich, wird diese Tatsache ebenfalls zu einem guten Selbstwertgefühl beitragen.

Um sich der Technik der Affirmation zu bedienen, muss man nicht besonders spirituell veranlagt sein. Sie benötigen lediglich eine gewisse Ausdauer und Hartnäckigkeit, da Sie nicht innerhalb kürzester Zeit verändern können, was sich seit vielen Jahren oder gar Jahrzehnten in Ihrem Innersten hat festsetzen können. Affirmationen lassen sich auf praktisch jeden Bereich anwenden. Klassische Bereiche wären beispielsweise Ihr Beruf und damit zusammenhängend Geld. Ihre Gesundheit, Ihr Gewicht und außerdem Partnerschaft und Selbstvertrauen gehören ebenfalls zu den typischen Bereichen.

Wie Sie schon wissen, ist es für den Erfolg der Affirmations-Technik von großer Bedeutung, dass Sie diese Affirmationen regelmäßig wiederholen und fokussiert bleiben. Allerdings hängt das Gelingen ebenfalls von Ihrer Persönlichkeit ab. Prägnante Ich-Sätze in der Gegenwart funktionieren beispielsweise nicht für jede Person. Leiden Sie zum Beispiel unter Übergewicht, könnte Ihnen die Affirmation »Ich bin sportlich und schlank« höhnisch und realitätsfremd erscheinen. Versuchen Sie also, eine auf Sie individuell zugeschnittene Formulierung Ihrer Affirmationen zu finden. Diese sollten Ihren Empfindungen so nah wie möglich kommen, aber dennoch positiv sein. Nach vorangegangenem Beispiel könnte eine Affirmation zum Beispiel lauten: »Ich werde jeden Tag ein wenig sportlicher und schlanker«. Mit dieser Technik vermeiden Sie es, die alten, negativen Affirmationen zu speisen und kultivieren Zuversicht.

Auch beim Loswerden von Problemen können Sie diese Technik anwenden. Allerdings sollten Sie in Ihren Affirmationen Verneinungen wie »kein« und »nicht« vermeiden. Sie kennen es zum Beispiel, wenn jemand Ihnen sagt, dass Sie nicht an einen rosa Elefanten denken sollen. Sie denken augenblicklich an diesen rosa Elefanten und genauso verhält es sich mit Verneinungen in Ihren Affirmationen. Versuchen Sie, diese zielgerichtet zu formulieren und sich dieses Ziel wirklich vorzustellen. Die Affirmationen »Ich möchte nicht mehr so schüchtern sein« oder »Ich möchte kein Single mehr sein«, lauten demnach: »Ich kann jeden Tag ein Stückchen selbstbewusster werden« und »Ich werde einen liebevollen Partner finden«.

Wollen Sie die Wirksamkeit Ihrer Affirmationen zusätzlich unterstützen, könnte es beispielsweise hilfreich sein, ein Erfolgstagebuch zu führen. Sollten Sie Probleme dabei haben, sich in eine entspannte und positive Stimmung zu bringen, kann Ihnen das richtige Setting dabei helfen. Suchen Sie sich einen ruhigen, ungestörten Ort, hören Sie unterstützend ruhige Musik oder meditieren Sie.

Versuchen Sie also, Ihre Gedanken durch Affirmationen dauerhaft positiv zu verändern. Folglich werden sich Ihr Verhalten und Ihre Emotionen mit der Zeit ebenfalls verändern.

Eine Nebenwirkung dieser Technik ist, laut einer Studie von Gabriele Oettingen, dass ein bestimmter Typus von Personen sich auf die Methode der Autosuggestion zwar einlässt, allerdings letztendlich in seinen Zielen und Träumen stagniert. Sprich, das Leistungsvermögen dieser Personen nimmt ab. Das liegt unter anderem daran, dass Ziele nicht konkret geplant werden und somit im Umkehrschluss der erwartete Erfolg ausbleibt. Dadurch macht sich Frustration breit. Aus diesem Grund funktioniert die Autosuggestion mit dessen Affirmationen bloß, wenn man den Willen und die Motivation hat, tatsächlich aktiv zu werden und etwas zu ändern. Außerdem sollte man Bereitschaft zeigen, die Verantwortung für das eigene Handeln zu übernehmen.

»Der Mensch ist das Produkt seiner Gedanken. Er ist und wird, was er denkt.« (Gandhi)

Gedankenschubladen

Um in Ihrem Kopf Ordnung zu schaffen, bieten sich Ihnen Gedankenschubladen an. Bei den Gedankenschubladen handelt es sich um **eine Methode der Visualisierung**. Um diese Methode umzusetzen, gehen sie am besten wie folgt vor:

- Legen Sie sich bequem und an einem ruhigen Ort. Atmen Sie tief ein und aus. Schließen Sie nun Ihre Augen. Auch gezielte Atemübungen und Übungen zur Entspannung können Ihnen helfen, Ruhe einkehren zu lassen.

- Jetzt stellen Sie sich einen geräumigen Schrank mit vielen Schubladen vor. Für jede dieser Schubladen halten Sie einen eignen Schlüssel an einem Schlüsselbund in der Hand bereit.

- Konzentrieren Sie sich nun auf all die Gedanken, die Ihnen im Kopf umhergehen. Stellen Sie sich vor, wie Sie einen der belastenden Gedanken einfangen. Jetzt weisen Sie diesem eine Kategorie zu – beispielsweise Trauer.

- Darauffolgend legen Sie diese Trauer-bringenden Gedanken in eine Schublade, welche Sie mit »Trauer« beschriftet haben.

- Dann widmen Sie sich dem nächsten Gedanken. Dabei gehen Sie stets gleich vor. Ihren Gedanken freien Lauf lassen, einen Gedanken einfangen und festhalten, diesen einer Kategorie zuweisen und in die entsprechende Schublade legen. Danach schließen Sie die Schublade mit einem Ihrer Schlüssel ab.

Etwas Neues lernen

Etwas Neues zu erlernen oder gar etwas Ungewohntes zu wagen kann erheblich dazu beitragen, dass Sie Ihren Alltag durchbrechen und Ihre gewohnten Gedankenmuster verlassen können. Wählen Sie etwas, das Sie bisher noch nie zuvor oder höchstens selten gemacht haben. So können sich daraus neue Erfahrungen mit neuen Perspektiven und Gedanken ergeben. Allerdings muss es sich dabei nicht um etwas überaus Besonderes handeln. Kaufen Sie sich ein neues Deo, nehmen Sie einen anderen Weg zur Arbeit, stehen Sie zeitig auf, um ein wenig Frühsport treiben zu können oder lernen Sie ein Instrument. Alles, womit Sie Ihren täglichen Trott verlassen können, eignet sich gut dafür.

Menschen stets mit Respekt und Freundlichkeit gegenübertreten

Man sieht es nicht jedem Menschen gleich an, aber jeder hat sein Päckchen zu tragen. Die Gefühlswelt und Realität der anderen Menschen um Sie herum wird sich mit großer Wahrscheinlichkeit von Ihrer eigenen unterscheiden. Allerdings macht dies die Gefühle und Gedanken dieser Personen nicht weniger gültig oder weniger real als Ihre eigenen. Deshalb sollten Sie Ihren Mitmenschen stets mit Respekt begegnen. Das gilt aber nicht bloß für Ihre Familie und Freunde, sondern für jeden Menschen. Halten Sie niemanden für selbstverständlich und lassen Sie die Menschen um Sie herum mit einem aufrichtigen »Danke« oder einem ehrlich formulierten Kompliment wissen, dass Sie sie schätzen. Auch Ihre alltäglichen Postboten/innen oder die Kassierer/innen in Ihrem Supermarkt verdienen Anerkennung. Wenn Sie andere Menschen respektieren, wird dies zu Ihrem eigenen Selbstwert beitragen und andere werden Ihnen ebenfalls mit Respekt begegnen.

Die kleinen Dinge des Lebens zu schätzen wissen

Wer die kleinen Dinge des Lebens zu schätzen weiß, bringt erheblich mehr Freude in seinen Alltag. Der Duft Ihres morgendlichen Kaffees, frisches Obst, Sonnenschein, Schatten, die die Abendsonne an Ihre Wände wirft, ein lichtdurchfluteter Raum, Freundlichkeit oder blühende Bäume. Es ist völlig unwichtig, worum es sich genau handelt, es kann noch so simpel sein. Wichtig ist, dass Sie Ihre Augen für diese Dinge öffnen und sich daran erfreuen können. Und wenn Ihnen jemand ein Kompliment macht, dann nehmen Sie es an! Gestehen Sie sich selbst ein, gut in dem zu sein, was Sie tun.

Effektive Selbstmotivation erlernen

Der Grund dafür, dass Selbstmotivation oft scheitert, ist, dass Sie sich oft zu stark auf die Belohnung konzentrieren. Dabei verwechseln Sie leicht Ursache und Wirkung. Und genau das ist schädlich für Ihre Selbstmotivation. Viele Menschen, die nach Höherem streben, quälen sich auf dem Weg dorthin durch beispielsweise eine Arbeit, die Ihnen nicht das Geringste bedeutet. Keine Beförderung oder Gehaltserhöhung wird daran etwas ändern können. Wie soll Motivation entstehen, wenn Sie sich

Ihr Ziel vor Augen halten, unter dem Weg dorthin aber ernsthaft leiden?

Oft liegt das Problem dahinter an der Art der Selbstmotivation, nämlich dem »Wenn-Dann-Denken«. Sie kennen diese Denkmuster sicher. »Wenn ich erst einmal X gemacht habe, dann werde ich zufriedener sein«, »Wenn ich erst einmal X verdiene, dann werde ich motiviert und voller Tatendrang sein«, »Wenn ich erst einmal X erreicht oder bekommen habe, dann werde ich endlich glücklich sein«.

Auf diese Art und Weise werden die gewünschten Zustände der Zufriedenheit und des Glücks aber wahrscheinlich nicht eintreten. Dadurch entwickelt sich ein endloser Kreislauf des »Wenn« und »Dann«, ohne je das Ziel erreichen zu können.

So macht sich letzten Endes Frustration und Bedauern über die verlorene Zeit breit.

Meistens handelt es sich bei der »falschen« Selbstmotivation um **Selbstbetrug.** Können Sie Ihren Job nicht leiden, werden tausend Euro zusätzliches Gehalt im Monat daran nichts ändern. Sollten Sie befördert werden, haben Sie häufig durch die größere Verantwortung weniger Freizeit, weniger Freiheiten und damit auch weniger Zufriedenheit.

Sicherlich sind Belohnungen ein großartiges Mittel zu Motivation. Und Sie sollten sich für beispielsweise erzielte Meilensteine immer wieder belohnen. Allerdings wirken Motivationen wie Geld meist nur kurzfristig. Diese Art der Motivation nennt sich auch »extrinsische Motivation« und macht Sie letztendlich bloß abhängig. Vergleichen können Sie dies mit Drogen, denn auf lange Sicht wird die Dosis immer wieder erhöht werden müssen, um etwas spüren zu können.

Der beste und effektivste Antrieb stammt von innen. Diese Art der Motivation nennt sich auch »intrinsische Motivation«. Es existieren drei essenzielle Antriebe, welche Sie laut Motivationsforschern in Bezug auf Ihren Job motivieren.

Autonomie ist der erste wichtige Antrieb. Auch, wenn keine absolute Freiheit existiert, wird Sie das Gefühl, nur das zu tun, was andere Menschen von Ihnen verlangen, fremdbestimmt und ohnmächtig fühlen lassen.

Ist man selbstständig, muss man nach wie vor die Nachfragen erfüllen und Kunden umwerben. Im Beruf allgemein sind Hierarchien auch sinnvoll, da demokratische Entscheidungsprozesse häufig übermäßig viel Zeit in Anspruch nehmen würden. Autonomie bedeutet in diesem Fall also, dass man in seinem Leben die Richtung zum größten Teil selbst bestimmen kann. Sie verlieren nicht Ihre gesamte Freiheit, wenn Sie sich gewissen Dingen fügen. Allerdings sind Sie motivierter, wenn Sie Ihre Arbeitsinhalte und Ihren Berufsweg souverän mitgestalten können.

Es kann relativ frustrierend sein, wenn Sie beginnen etwas zu lernen und es noch nicht beherrschen. Wenn Sie mit der Zeit durch viel Übung aber spüren, dass Sie immer besser werden und tatsächliche Erfolge sehen können, gibt Ihnen das einen Motivationskick. Jeder Fortschritt ist ein kleiner Erfolg und diese bringen Sie Ihrer **Meisterschaft** näher. Beispielsweise existieren in Sportvereinen oder Videospielen aus diesem Grund Ranglisten. Sie motivieren dazu, noch mehr zu üben, nicht aufzugeben und über sich hinauszuwachsen.

Dennoch besitzt dies eine kleine Einschränkung. Eine Sache zu beherrschen ist nur dann motivierend, wenn diese Ihnen etwas bedeutet. Beispielsweise macht ein Kind, welches von seinen Eltern zum Klavierspielen gezwungen wird, ebenfalls Fortschritte. Möchte dieses Kind allerdings viel lieber Fußball spielen, werden dessen Fortschritte nur wenig motivierend sein.

Dinge, die Sie gern tun, müssen zudem eine Zweckhaftigkeit erfüllen. Sie investieren viel lieber Arbeit in eine Sache, wenn Sie einen höheren Sinn oder **Zweck** darin sehen. Diese Tatsache greift auch bei Menschen, die sich in Hilfsorganisationen und gemeinnützigen Verbänden engagieren. Allerdings ist es oft auch schon genug, wenn Sie spüren, dass Ihre Arbeit einen Unterschied macht. Sprich, andere Menschen, Kunden oder das Unternehmen würde Schwierigkeiten bekommen, wenn Sie diese Arbeit nicht erledigen würden. Es fällt also auf, ob die Arbeit da ist oder nicht. Dementsprechend erfüllt Sie einen Zweck. Entsprechend motivierend wirkt dieser Umstand.

Weitere Möglichkeiten zur Selbstmotivation sind beispielsweise die Visualisierung Ihres Erfolges, Belohnungen, die innere Einstellung von negativ in positiv umzuwandeln und auch durch Zeitdruck und Deadlines. Zudem sollten Sie Ihre Arbeitszeiten bewusst einteilen, also eine gute Work-Life-Balance schaffen.

Feuern Sie sich selbst an! Klingt gewöhnungsbedürftig, allerdings verbessert sich die eigene Leistung durch verbales Anfeuern deutlich. Das zeigte eine britische Studie von der Universität Wolverhampton um den Sportpsychologen Andrew M. Lane. Mehr als 44.000 Testpersonen nahmen an dem Experiment teil.

Bewegung

Körper und Geist stehen in enger Verbindung zueinander. Körperliche Aktivität verstoffwechselt das Stresshormon Cortisol und sich durch einen gesunden und gestärkten Körper im eigenen Körper wohlzufühlen, hat ebenfalls positive Effekte auf die körperliche und geistige Gesundheit. Ihr Körper ist nicht dazu gemacht, täglich 8 Stunden auf einem Stuhl zu sitzen. Achten Sie deshalb auf ausreichend körperliche Betätigung. Das bedeutet allerdings nicht, dass Sie von nun an täglich für 2 Stunden ins Fitnessstudio gehen müssen. Sollte es Ihnen Freude bereiten und Ihren Stress abbauen – sehr gut! Andernfalls reichen Aktivitäten wie ein Spaziergang, Joggen, Schwimmen, ein kurzes Online-Home-Workout oder zu Ihrem Lieblingslied zu tanzen auch vollkommen aus! Bewegen Sie Ihren Körper, verändern sich auch Ihre Gedanken.

Egal, wie negativ Sie sich gerade fühlen – tanzen Sie für wenige Minuten ausgelassen zu Ihrer Lieblingsmusik, wird es Ihnen

unweigerlich besser gehen.

Haben Sie einige Übungen gefunden, die Ihnen Spaß machen und mit denen Sie sich nach kurzer Zeit richtig auspowern können, legen Sie sich nach dieser Anstrengung hin. **Hieraus können Sie zusätzlich eine Achtsamkeitsübung machen.** Schließen Sie Ihre Augen, spüren Sie Ihre Muskeln und wie sich diese lockern. Spüren Sie außerdem die sich in Ihnen ausbreitende Ruhe nach der Anstrengung. Durch diese körperliche Entspannung werden sich ebenfalls Ihre Gedanken entspannen.

Was nun, wenn Sie unter Antriebslosigkeit leiden? Antriebslosigkeit ist ein Verhalten, welches unbewusst von Ihnen verursacht wird. Damit kann es aber auch von Ihnen wieder verändert werden! Zu Beginn ist es wichtig, dass Sie dieses Verhalten erst einmal annehmen. Vorwürfe darüber werden Ihnen nämlich bloß noch mehr Energie entziehen. Haben Sie stattdessen Verständnis dafür, dass Ihr Akku gerade leer ist und Sie eine Pause brauchen. Erlauben Sie sich diese Pause ohne schlechtes Gewissen, denn sollten Sie jetzt versuchen, mit Ihrem leeren Akku weiterzuarbeiten oder Sport zu treiben, wird wahrscheinlich ohnehin nicht viel dabei herauskommen und Ihnen wird noch mehr Energie entzogen. Somit wäre also nichts gewonnen. Machen Sie jetzt stattdessen das, was Ihnen guttut und Ihnen dabei hilft, Ihre Energien wieder aufzuladen. Lassen Sie sich eine Badewanne ein, lesen Sie ein positives Buch oder meditieren Sie. Ruhen Sie sich aus und genießen Sie Ihre Pause bewusst, damit Sie schon bald wieder körperlich und geistig durchstarten können! Sollten Sie sich allerdings über Monate hinweg müde und antriebslos fühlen, wäre es ratsam einen Arzt aufsuchen, da beispielsweise ein Eisen- oder Vitamin-D-Mangel vorliegen könnte.

Bewegung an der frischen Luft kann ebenfalls Wunder bewirken!

Heute verbringt der Mensch ungefähr 80 % seines Lebens drinnen. Somit entfernt er sich drastisch von seiner ursprünglichen Natur. Versuchen Sie also, durch beispielsweise einen Spaziergang, an die frische Luft und in die Natur zu kommen. Sie werden neue Eindrücke sammeln und innere Ruhe finden können. Durch den Unterschied von der Umgebung, in der Sie sich meistens aufhalten, können Sie hier über einiges nachdenken, neue Perspektiven einnehmen und sich inspirieren lassen. Belastende Gedankenströme werden durch die Bewegung und den freien Himmel unterbrochen werden.

Ein kleiner Trick, den Sie auch am Schreibtisch anwenden können, ist mit den großen Zehen zu wackeln.

Sollten sich Ihre Gedanken wieder im Kreis drehen – probieren Sie es aus! Vielen Menschen machen dies tatsächlich bereits unbewusst in schwierigen Situationen, da das Gehirn etwas von seiner durch den Gedankenkreislauf geblockten Energie freigeben muss, um die beiden großen Zehen in Bewegung zu setzen. Zudem wird durch diese Technik Ihre Muskelanspannung gelockert. Sprich, diese Technik hat einen positiven Einfluss auf Ihre psychische und physische Entspannung.

Meditation, Atmung, Achtsamkeit und Yoga

Es gibt eine Bandbreite an verschiedenen Meditationstechniken. Was all diese Techniken allerdings gemeinsam haben, ist, dass Sie sich mit Meditation mehr Kontrolle über Ihr Denken verschaffen können. Zwar ist es so gut wie unmöglich, an nichts zu denken, aber dennoch können Sie Ihre Konzentration erheblich schärfen, lernen, Ihre Gedanken, ohne diese zu werten, zu beobachten und zudem lernen, im Hier und Jetzt präsent zu sein. Das bedeutet, dass Sie Ihren Körper und Geist beruhigen können und insgesamt aufmerksamer und achtsamer sind. Oft konzentriert man sich beim Meditieren auf den eigenen Atem, den Körper, ein Objekt oder ein Mantra. Diese Techniken werden Ihnen dabei helfen, sich auf eine einzige Sache konzentrieren zu können und sich in Gelassenheit zu üben.

Meditation lässt sich mit Sport vergleichen – denn auch Meditation muss trainiert werden. Sie werden, selbst nach bloß 5 Minuten täglich, einige Veränderungen bemerken. Je öfter und regelmäßiger Sie trainieren, desto ruhiger und gelassener wird es in Ihrem Kopf werden. Diese Gelassenheit wird sich auf Ihren Alltag, Ihr Handeln und Ihre Gefühlswelt übertragen.

Eine perfekte Geheimwaffe gegen das Gedankenkarussell!

Um tägliche Meditation konsequent durchzuführen, ergibt es Sinn, diese fest in Ihre Routine einzubauen.

Als besonders effektiv hat es sich erwiesen, die Meditation beispielsweise mit dem morgendlichen Zähneputzen zu verknüpfen. Aufstehen, die Zähne putzen, duschen, meditieren. Das hilft Ihnen, aus dem Meditieren eine Konstante in Ihrem Leben zu machen.

Beim Meditieren ist es natürlich, dass Ihre Gedanken versuchen abzuschweifen.

Versuchen Sie, diesen Augenblick bewusst zu genießen, in welchem Sie Ihren Kopf freimachen können. Stellen Sie Distanz zu Ihren Gedanken her.

Es geht nicht darum, Ihre Gedanken krampfhaft abzustellen, sondern darum, dass Sie sich mit ihnen wohlfühlen.

Beobachten Sie Ihre Gedanken – ähnlich wie den Verkehr auf einer Straße. Manchmal gibt es ein hohes, manchmal ein niedrigeres Verkehrsaufkommen. Beobachten Sie diesen Verkehr, also Ihre Gedanken, ohne diese zu werten. Akzeptieren Sie sie und lassen Sie sie weiterziehen. Von großer Bedeutung ist die Art und Weise, wie Sie mit Ihren Gedanken umgehen und dass Sie sich bewusst werden, wenn Sie von ihnen abgelenkt werden. Nehmen Sie sich Zeit, um wahrzunehmen, wie Sie sich fühlen. Versuchen Sie dann, in dem Moment, in dem Sie bemerken, dass Sie gedanklich davon driften, Ihren Fokus beispielsweise wieder auf Ihren Atem zu lenken. Denken Sie nicht zu viel über den Prozess der Meditation nach. Genießen Sie schlicht die Auszeit, die Sie sich für sich und Ihr inneres Wohlbefinden genommen haben. Sie werden sehen, dass Sie bald Ihr inneres Gleichgewicht finden werden.

Wenn ein Unwetter herrscht und Sie mit einem Flugzeug über den Wolken sind – was sehen Sie? Die strahlenden Weiten des blauen Himmels. Er ist immer da, völlig gleich, wie das Wetter aktuell ist. Diese Tatsache können Sie mit Ihrem Gemüt und Ihrer inneren Ruhe und Unruhe gleichsetzen. An manchen Tagen ist der Himmel strahlend blau ohne eine einzige Wolke. An anderen Tagen ist der Himmel wiederum leicht bewölkt und manchmal können Sie den Himmel vor lauter Wolken und Sturm nicht sehen – aber er ist dennoch immer da. Erinnern Sie sich daran, auch bei Ihren Meditationen. Es ist vollkommen natürlich und in Ordnung, dass Sie nicht von heute auf morgen völlige innere Ruhe erlangen können. Meditation und ein klarer Kopf müssen ebenso trainiert werden wie Ihre Ausdauer beim Joggen! Aber machen Sie sich immer bewusst, dass das, was Sie erreichen wollen, schon die ganze Zeit da ist – der klare, blaue Himmel. Sie müssen bloß lernen, sich nicht zu sehr auf die Wolken zu fokussieren und diese, ohne sie zu werten, beobachten zu können. Dann werden Sie mit der Zeit von allein verschwinden. Denn um Gedanken loslassen zu können, müssen Sie sie erst einmal annehmen und akzeptieren.

Ein zentraler Punkt der Meditation ist die Atmung. Ihre Atmung ist sehr eng mit Ihrer körperlichen und psychischen Befindlichkeit verknüpft. Jeder körperliche und seelische Zustand hat einen Einfluss auf Ihre Atmung. Sind Sie beispielsweise ängstlich oder gestresst, atmen Sie flacher. Mit Ihrer Atmung können Sie also bewusst Ihre Entspannung oder Anspannung beeinflussen. Allein durch die Beobachtung Ihres Atmens wird er sich verändern, da dieser normalerweise automatisiert funktioniert. Somit sind Sie also auch in der Lage, mit der richtigen Atemtechnik Ihrem Stress entgegenzuwirken. Bei aufkommender Angst ist es zum Beispiel meist sehr hilfreich, verlangsamt und tief durchzuatmen. Ihre Atemfrequenz nimmt nämlich ebenfalls Einfluss auf Ihre Herzfrequenz. Somit wird Ihr Herz weniger schnell und stark pochen.

Um eine schnelle Beruhigung hervorzurufen, sollte man also das Ausatmen ein wenig verlängern. Zählen Sie während des Luftholens bis vier und während der Ausatmung bis sechs. Damit sind Sie vorrangig mit dem Zählen beschäftigt und hören auf zu grübeln. So nutzt diese Technik ebenfalls in der Meditation dem besseren Fokussieren. Fragen Sie sich beispielsweise, wo Sie den Atemzug zuerst im Körper spüren und wie weit Sie diesen verfolgen können. Sie sind auf Ihren Körper konzentriert und entspannen sich.

Tatsächlich haben viele Menschen die natürliche Atmung verlernt. Die meisten Menschen atmen flach und überwiegend in den Brustbereich hinein. Was man allerdings an Babys beobachten kann – Sie machen noch tiefe Atemzüge in den Bauch hinein. Versuchen Sie eine Bauchatemübung! Legen Sie Ihre Hände auf Ihren Bauch, atmen Sie tief in Ihren Bauch hinein und spüren Sie in Ihren Handflächen, wie sich Ihre Bauchdecke hebt und senkt. Stellen Sie sich bei der Ausatmung vor, dass das Gewicht Ihrer Hände schwer ist und nehmen Sie wahr, wie sich Ihr Bauch durch die Bewegung Ihres Zwerchfells zurückzieht.

Generell sollten Sie sich mit Ihrem Atem beschäftigen, da dieser einen immensen Einfluss auf Sie und Ihr Wohlbefinden nimmt. Wenn Sie sich auf Ihren Atem konzentrieren, dann fokussieren Sie sich auf nichts Geringeres als die Gegenwart. Trainieren Sie Ihre bewusste Atmung daher regelmäßig.

Was Sie ebenfalls mithilfe von Meditation und Atemübungen schulen können, ist Ihre Achtsamkeit und Bewusstheit.

Achtsamkeit bedeutet, sich nicht nur körperlich, sondern auch mental im Hier und Jetzt zu befinden und alles bewusst wahrzunehmen und zu schätzen. Sie ist eine Haltung, die allen Meditationen innewohnt.

Versuchen Sie, in Ihrem Alltag zwischendurch immer wieder innezuhalten und sich zu fragen, was gerade jetzt in diesem Augenblick, an diesem Ort, besonders gut ist. Was hören Sie? Was sehen Sie? Können Sie etwas riechen oder schmecken? Wie fühlen Sie sich?

Eine weitere Achtsamkeitsübung ist der sogenannte »Body-Scan«, indem Sie von oben bis unten durch Ihren Körper gehen und in jede Körperregion bewusst hineinfühlen. So können Sie systematisch wahrnehmen, wie sich Ihr Körper gerade anfühlt, ohne dies zu bewerten. Diese Übung lässt sich auch wunderbar in eine Meditation eingliedern.

Achtsamkeit können Sie praktisch bei jeder Tätigkeit trainieren, indem Sie sich voll und ganz auf diese Aktivität konzentrieren. Beispielsweise neigen viele Menschen dazu, sich beim Essen ablenken zu lassen. Ob von dem Smartphone, dem Fernseher oder der Zeitung – all das lenkt Sie von Ihrer eigentlichen Tätigkeit ab. So sind Sie auf einmal schon mit dem Essen fertig, ohne das eigentliche Essen richtig wahrgenommen und genossen zu haben. Es mag sich zu Beginn ungewohnt anfühlen, aber versuchen Sie, sich bei Ihrer nächsten Mahlzeit ausschließlich auf Ihr Essen zu konzentrieren. Wie sieht es aus? Hat es eine bestimmte Textur oder besondere Farben? Wie riecht das Essen und wie fühlt es sich an? Hat es eine besondere Konsistenz und wie schmeckt es? Genießen Sie es und versuchen Sie, bewusst lange zu kauen, denn oft ist das Resultat von unbewusstem Essen das Hinunterschlingen.

Auch beim Duschen können Sie sich auf das Gefühl und die Temperatur des Wassers konzentrieren oder Sie fokussieren sich beim Gehen auf das Gefühl, wie Ihre Füße auf dem Boden auftreten. Spüren Sie Ihr Gewicht und wie sich unter dem Druck Ihr Fuß ausbreitet. Lauschen Sie dem Geräusch, das Ihre Füße auf dem Boden machen. Besonders intensiv wird diese Übung, wenn Sie barfuß laufen. Dabei können Sie zusätzlich darauf achten, wie sich der Boden selbst unter Ihren Füßen anfühlt. Ist er uneben, rau oder glatt? Nass, steinig oder porös? Kalt, warm, hart oder weich? Achten Sie morgen früh, wenn Sie nach dem Aufstehen barfuß ins Bad gehen, ganz bewusst auf den Boden.

Eine Übung, die Sie fast überall machen können, wenn Sie sich auf einmal ängstlich und angespannt fühlen sollten:

1. Nach draußen oder sich mit dem Gesicht zum Fenster setzen. Machen Sie es sich jetzt bequem.
2. Schließen Sie Ihre Augen und fokussieren Sie sich so lange auf Ihren Atem, bis Sie sich ruhig fühlen.
3. Öffnen Sie jetzt Ihre Augen und nehmen Sie 5 Dinge wahr, die Sie sehen können.
4. Nehmen Sie jetzt 4 Dinge wahr, die Sie hören können.
5. Danach konzentrieren Sie sich auf 3 Dinge, die Sie fühlen können.
6. Jetzt konzentrieren Sie sich auf 2 Dinge, die Sie riechen können.
7. Zum Schluss nehmen Sie eine Sache wahr, die Sie schmecken können.

Eine weitere Möglichkeit, um mehr Ausgeglichenheit und Ruhe in Ihren Körper und Geist zu bringen, ist Yoga.

Yoga vereint gesunde Bewegung, bewusste Atemübungen und Achtsamkeit – es bringt Sie also zurück ins Gleichgewicht. Das vegetative Nervensystem wird dabei in seine natürliche Balance gebracht. Ihr »Parasympathikus« wird durch Yoga stimuliert. Der Parasympathikus ist einer der drei Komponenten des vegetativen Nervensystems und jener Teil, welcher insbesondere die für Aufbau und Regeneration des Gewebes unerlässlichen Körperfunktionen steuert. Sie können den Parasympathikus auch als Ruhe- oder Erholungsnerv bezeichnen.

Es gibt viele verschiedene Arten, Yoga zu praktizieren. Als eine der bekanntesten Yoga-Formen gilt »Asana«. Überwiegend ruhende Körperstellungen werden im Yoga als Asana (besonders im »Hatha Yoga«)

bezeichnet. Außerdem stellt Asana die 3. Stufe des »Raja Yoga« nach Patanjali dar. Besonders wichtig ist dabei das ständige Wechselspiel von Anspannung und Entspannung. Oft werden Yogastunden mit Ruhe, beispielsweise in Form von Meditation, Tiefenentspannung oder Atemübungen, begonnen und beendet. Eine Asana selbst sollte immer ganz bewusst aufgebaut, gehalten und schließlich wieder gelöst werden. Denn die präzisen und langsamen Bewegungen werden Ihnen helfen, jeden Teil Ihres Körpers bewusst wahrzunehmen und somit Spannungsbereiche zu lokalisieren. Wenn Sie Ihren Körper genausten kennen, können Sie Blockaden behutsam lösen. Tatsächlich wirkt jede Position, die Sie einnehmen, anders auf Ihr Nervensystem und Ihre Organe. Es gibt sowohl aktivierende als auch beruhigende Asanas, denn manche Übungen tun Ihrer Wirbelsäule gut, andere Ihrer Verdauung und wieder andere Übungen unterstützen die Öffnung Ihres Brustraumes.

Um einen Zustand der völligen Entspannung zu erreichen, ist es von essenzieller Bedeutung, auch den Geist zu beruhigen. Eine weitere, effektive Technik zum Abbauen von Stress ist daher die Harmonie von tiefer Ein- und Ausatmung mit Ihren körperlichen Bewegungen. Regelmäßige Achtsamkeitsübungen in Form von Innehalten und sich auf sich selbst und den Moment zu besinnen, sowie kurze Meditationen, tragen verstärkend zu einem entspannten Zustand bei.

Ihr Körper wird mit der Zeit lernen und diese neuen Muster nach und nach übernehmen. Meditation, Atmung, Bewegung und Achtsamkeit sind eng miteinander verknüpft. Die meisten Atem- und Achtsamkeitsübungen können Sie sogar in Ihre tägliche Meditation oder Yoga-Sessions einbauen. Es reichen schon ein paar Minuten täglich. All diese Techniken werden Ihnen dabei behilflich sein, Ihr inneres Gleichgewicht zu finden, sich bewusst entspannen zu können und sich mit Ihren Gedanken wohlzufühlen.

Platz schaffen und aufräumen

Egal, ob es nur Ihr Schreibtisch ist oder gleich die gesamte Wohnung – Ordnung in der Umgebung sorgt für Ordnung im Inneren! Mit dem physischen Aufräumprozess geht häufig ebenfalls ein psychischer einher. Sie können auch klein anfangen, beispielsweise heute eine Schublade und morgen die nächste. Teilen Sie sich diese Aktion so ein, wie es Ihnen guttut. Falls Sie sich davon inspiriert fühlen sollten, wird Sie vielleicht auch das Umräumen und Umdekorieren der Wohnung beflügeln. Zudem können Sie noch einmal alles gründlich aussortieren und sich so von überflüssigem Ballast befreien. Vielleicht können Sie jemandem mit der einen oder anderen Sache sogar noch eine Freude bereiten.

Work-Life-Balance

Bei dem Begriff »Work-Life-Balance« geht es um das Gleichgewicht zwischen Ihrem Arbeits- und Ihrem Privatleben. Wie Sie wissen, umfasst ein durchschnittlicher Arbeitstag ungefähr 8 Stunden, womit letztendlich natürlich nicht mehr genauso viel Zeit für Ihr Privatleben bleiben kann. Dazu kommt, dass viele Menschen in Zeiten ständiger Erreichbarkeit keine klare Trennung mehr zwischen der Arbeit und ihrem Privatleben haben. Nach Feierabend checken eine Vielzahl der Menschen noch ihre Mails oder ihre Termine für den nächsten Tag oder die ganze restliche Woche. Vielleicht erinnern Sie einen Kollegen oder eine Kollegin noch eben an das anstehende Meeting früh am nächsten Morgen und nehmen im schlimmsten Fall sogar noch Arbeit mit nach Hause. Eine ausgewogene Work-Life-Balance ist damit also eine riesige Herausforderung. Mit den folgenden Tipps wird es Ihnen leichter fallen, eine Ausgewogenheit zwischen Arbeit und Privatem in Ihr Leben zu bringen.

Bevorzugen Sie Kurzurlaube. Wenn Sie Ihre beispielsweise drei Wochen Urlaub am Stück nehmen, kommen Sie zurück und eine riesige Menge Arbeit stapelt sich schon auf Ihrem Schreibtisch. Ihr Posteingang explodiert förmlich und die gewonnene Erholung aus dem Urlaub ist dahin! Sollte dies zutreffen, ist es vielleicht eine Überlegung für Sie wert,

Ihren Urlaub in Häppchen zu genießen. Also statt drei Wochen am Stück lieber häufiger bloß eine Woche Urlaub nehmen.

Der Balanceakt zwischen Familie und Arbeitgeber. Haben Sie eine Familie und sind Sie berufstätig, dann kennen Sie sicher das Problem, beide Welten in ausgeglichener Weise miteinander zu vereinen. Sie müssen Ihre Kinder von der Schule abholen, wollen Zeit mit Ihrem Partner oder Freunden verbringen, Sie wollen frisches Essen kochen, regelmäßig Sport treiben und eine stets aufgeräumte Wohnung. Auf der anderen Seite warten dringende To-dos im Job, vielleicht müssen Sie Präsentationen vorbereiten oder Dinge organisieren. Sich da nicht stressen zu lassen und dennoch eine ausgewogene Work-Life-Balance zu erreichen ist eine echte Herausforderung! Wichtig ist, dass Sie lernen, Ihre Prioritäten richtig zu setzen und diese auch mit Ihrem Umfeld zu kommunizieren. Bloß wenige Dinge sind auf der Arbeit so wichtig, dass diese nicht auch ein bis zwei Stunden, oder gar länger, warten könnten. Zudem existieren heutzutage diverse Homeoffice-Lösungen, flexible Arbeitszeitmodelle und Hilfestellung durch Zeitmanagement-Seminare. Auf diese Optionen sollten Sie Ihren Arbeitgeber hinweisen.

Lassen Sie sich helfen und geben Sie To-dos gelegentlich ab. Wenn Sie die Dinge oft lieber selbst erledigen, damit Sie wissen, dass alles ordentlich erledigt wurde, sollten Sie dringend lernen, manchmal loszulassen und Ihre Aufgaben mit Ihren Kollegen oder Kolleginnen zu teilen.

Haken Sie erledigte Arbeiten ab. Sich am Ende des Tages visuell vor Augen zu halten, was man alles geschafft hat, kann sehr befriedigend und beruhigend sein. Wenn Sie die erledigten Dinge von Ihrer To-do-Liste streichen, haben Sie außerdem sofort im Blick, was offengeblieben ist und was Sie sich somit für die nächsten Tage notieren und einteilen. Sie könnten Ihre To-dos auch in drei Kategorien einteilen. Diese Kategorien bestehen möglicherweise aus: *»To-do«, »noch in Bearbeitung« und »Erledigt«.* Auf diese Weise haben Sie alles schriftlich festgehalten und verhindern, dass Ihnen Ihre To-dos nach Feierabend noch im Kopf herumgeistern.

Legen Sie Ihren Fokus auf Ihr soziales Leben. Oft neigen Menschen dazu, beispielsweise Freunde zu treffen aufgrund der Menge an Arbeit hinten anzustellen. Stress führt häufig dazu, dass Verabredungen ständig verschoben, abgesagt oder gar nicht erst ausgemacht werden. Dabei lenkt nichts so sehr von dem alltäglichen Stress ab wie ein Treffen oder Gespräch mit guten Freunden! Versuchen Sie aus diesem Grund, regelmäßig für Ihre Liebsten Platz in Ihrem Kalender zu schaffen. Ihre Familie und Freunde werden es sehr zu schätzen wissen, **denn es ist eines der größten Zeichen von Wertschätzung, sich trotz vieler Arbeit bewusst Zeit für jemanden zu nehmen.**

Halten Sie Verabredungen mit sich selbst ein. Wenn es Ihnen schwerfällt, die Aktivitäten, die Sie gern für sich ausüben würden, auch wirklich umzusetzen, sollten Sie in Erwägung ziehen, auch **Ihre privaten Termine in Ihren Kalender einzutragen.** Wenn Sie also beispielsweise ein Buch lesen, ein Bad nehmen, Sport treiben oder aufwendig kochen wollen, sorgen die privaten Termine in Ihrem Kalender dafür, dass Sie Ihre Verabredungen mit sich selbst auch wirklich einhalten werden.

Treiben Sie ausreichend Sport. Unwichtig, ob vor oder nach der Arbeit – körperlicher Ausgleich ist ein absolutes Muss. Sollte es Ihnen allerdings sogar beim Sporttreiben schwerfallen abzuschalten, könnten Sie sich eine Sportart suchen, welche ein bestimmtes Maß an Konzentration benötigt. So können Sie die Gedanken an Ihren Arbeitsplatz endgültig verbannen.

Statt stetig die Bahn oder den Bus zu nehmen, könnten Sie auch ein paar Stationen zu Fuß gehen und die frische Luft genießen. Das befreit den Geist und hält fit!

Teilen Sie sich Ihren Putzplan in kurze Aufräumphasen ein. Um Ihre Hausarbeit nicht ausschließlich auf die Wochenenden legen zu müssen, könnten Sie zwischendurch immer wieder bestimmte Bereiche aufräumen. So entgehen Sie Chaos und stundenlangem Putzen an Ihren eigentlich freien Wochenenden.

Kontrollieren Sie regelmäßig bewusst Ihre Haltung. Mehrmals täglich sollten Sie sowohl im Stehen als auch im Sitzen, Liegen und Gehen Ihre Körperhaltung überprüfen. Nehmen Sie zu Beginn Ihre Körperhaltung wahr, ohne diese zu verändern. Danach überlegen Sie sich, welche Veränderungen Ihrer Haltung Ihren Körper entlasten und somit mögliche Anspannungen reduzieren könnten. Um dies im Alltag nicht zu vergessen, ist es möglicherweise hilfreich, wenn Sie sich ein visuelles Symbol zur Erinnerung daran schaffen. Vielleicht hängen Sie sich eine bestimmte Postkarte auf oder tragen ein spezielles Armband, welches Sie an die Kontrolle Ihrer Körperhaltung erinnern soll. Immer, wenn Sie Ihr individuelles Symbol zu Erinnerung sehen, können Sie Ihre Körperhaltung überprüfen.

Gute Ernährungsgewohnheiten kultivieren. Damit Ihr Körper und Geist stets ausreichend mit wichtigen Nährstoffen und genug Flüssigkeit versorgt sind, sollten Sie täglich für ausgewogene und regelmäßige Mahlzeiten sorgen. Zudem ist eine ausreichende Flüssigkeitszufuhr durch Wasser unerlässlich. Falls es Ihnen schwerfällt, genug zu Wasser trinken oder regelmäßige Mahlzeiten zu sich zu nehmen, könnte Ihnen ein Wecker zu diesem Zweck behilflich sein. Durch gesunde Lebensgewohnheiten und einen guten Umgang mit sich und Ihrem Körper wirken Sie Stress effektiv entgegen und profitieren von einem hohen körperlichen Wohlbefinden.

Das Gespräch suchen

Haben Sie nicht die Möglichkeit, die Dinge zu verarbeiten, die Ihre negativen Gedanken oder Grübeleien zur Folge hatten, wird es Sie immer wieder beschäftigen. Bei der Verarbeitung dessen ist es oft hilfreich, mit anderen Menschen darüber zu sprechen. Diese können Sie trösten, Ihnen Ratschläge und neue Perspektiven bieten, Sie aufbauen oder

Ihnen einfach nur zuhören. Das schlichte Aussprechen der Dinge, die Sie beschäftigen, kann oft schon eine enorme Erleichterung sein. Wenden Sie sich dafür an eine Vertrauensperson. **Sie müssen das nicht allein durchstehen, Menschen brauchen andere Menschen!** Zudem erkennen Personen, die einen etwas distanzierteren Blick auf die Situation haben, oft Lösungswege, die Sie vielleicht nicht gesehen hätten.

Professionelle Hilfe in Anspruch nehmen

Wenn traumatische Erlebnisse der Grund für Ihre durchgehende Grübelei sind und Ihr Alltag durch negative Emotionen und Gedanken erheblich beeinträchtigt wird, könnte das sogar zu Depressionen führen. In diesem Fall sollten Sie ernsthaft in Erwägung ziehen, professionelle Hilfe in Anspruch zu nehmen.

Viele Menschen fürchten sich vor diesem Schritt. Beispielsweise aus Angst, in eine Schublade gesteckt zu werden oder aus Angst, sich mit Ihrem Trauma auseinandersetzen zu müssen. Professionelle Hilfe in Anspruch zu nehmen bedeutet allerdings keinesfalls automatisch, dass Sie beispielsweise krank sind.

Viel mehr bedeutet es, dass Sie einen riesigen Schritt in Richtung einer Besserung gemacht haben und dass Sie Verantwortung für sich selbst, Ihre Gesundheit und Ihre Zukunft übernommen haben. Es ist ein Zeichen enormer Stärke und ein Akt der Selbstliebe.

Ein Beispiel – wenn Sie Zahnschmerzen haben, gehen Sie zum Zahnarzt. Wenn Sie Rückenbeschwerden haben, suchen Sie einen Orthopäden auf. Und wenn es Ihnen aufgrund von beispielsweise traumatischen Erlebnissen schlecht geht, nehmen Sie folglich psychologische Hilfe in Anspruch. Daran ist nichts verwerflich und Sie können stolz auf sich sein, wenn Sie in solch einer Situation einen derartigen Schritt unternehmen.

Sich davor zu fürchten, sich mit seinen Traumata auseinanderzusetzen, ist ebenfalls natürlich. Sicher ist das beängstigend und bringt eine

Menge Arbeit mit sich. Allerdings könnten Sie es auch von der anderen Seite betrachten – **Sie investieren vielleicht ein paar Jahre harte Arbeit in sich selbst und Ihre Gesundheit, aber erhalten dadurch ein Leben ohne beschwerende Traumata. Die harte Arbeit wird sich lohnen und das Ergebnis wird die Arbeit absolut aufwiegen. Wieso also ein Leben voller Sorgen und negativer Gedanken akzeptieren?**

Könnte positives Denken auch schaden?

Wie zu Beginn dieses Buches bereits erwähnt, ist es sehr wichtig, zwischen positivem Denken und einer Form von Schönreden oder Realitätsverleugnung zu unterscheiden. Auch wenn positives Denken in den meisten Lebenslagen hilfreich ist, Sie stärker und selbstsicherer macht, dürfen Sie nie die Realität aus den Augen verlieren. Es ist nichts gewonnen, wenn Sie einfach Sachverhalte beschönigen, die tatsächlich Anlass zur Sorge geben. Wie Sie gelernt haben, kommt es darauf an, dass Sie die Realität bewusst anerkennen, akzeptieren und sich dann entscheiden, wie Sie darauf reagieren wollen.

In der westlichen Kultur hat es oft den Anschein, als dürften negative Gedanken nicht in diese Welt gehören. Es komme darauf an, stets zu lächeln, nicht zu scheitern und schon gar nicht unglücklich zu sein. Ängste und Zweifel zählen allerdings zu den menschlichen Uremotionen und dienten und dienen noch dazu, den Menschen vor Gefahren zu schützen, um sein Überleben sicherzustellen.

Zudem wird es absurd, wenn das positive Denken zur regelrechten Obsession wird. Ist jemand schwer krank, wird diese Person so positiv denken können wie sie möchte – das positive Denken allein wird diese Person aber leider nicht einfach wieder heilen können. Auch eine Prüfung, zu der man unvorbereitet antritt, wird durch positives Denken nicht zu einer guten Note führen. Nur Optimismus allein reicht nicht aus, um seine Ziele zu erreichen. Erforderlich sind zudem Eigenverantwortung, Selbstdisziplin und -reflektion, Fleiß und Ausdauer.

Zusammenfassend: Schädlich wird positives Denken, sobald Sie sich der Realität verweigern und sich allein auf das positive Denken an sich verlassen. Betrachten sollten Sie das positive Denken als Unterstützung der eigenen Lebensweise, da es einen immensen Einfluss auf die sowohl geistige als auch körperliche Verfassung hat. Somit wird durch die Gedanken das Handeln und durch das Handeln die eigene Realität geformt. Machen Sie sich bewusst, dass negative Gedanken ebenfalls zum Leben dazu gehören. Diese sollten allerdings nicht Überhand nehmen und jeden Aspekt Ihres Lebens beeinflussen, wenn Sie den negativen Gedanken die Kontrolle überlassen. In diesem Fall könnte es zu einer negativen Gedankenspirale und im schlimmsten Fall sogar zu Depressionen oder psychosomatischen Erkrankungen führen. Im Umkehrschluss dient eine positive Geisteshaltung zusätzlich dazu, nach Rückschlägen wieder aufzustehen und sich selbst zu motivieren.

Quellen

Was Sie in diesem Buch erwartet

- https://arbeits-abc.de/positives-denken/ (27.04.2020)
- https://arbeits-abc.de/selbstbewusstsein/ (27.04.2020)
- https://www.goodreads.com/author/quotes/7134345.Goi_Nasu (17.04.2020)
- https://www.zeitblueten.com/news/gedankenkarussell-gruebeln-stoppen/ (27.04.2020)

Worum es beim positiven Denken geht

- https://anchukoegl.com/positiv-denken/ (17.04.2020)
- https://de.thpanorama.com/blog/superacion-personal/las-100-mejores-frases-de-johann-wolfgang-von-goethe.html (17.04.2020)
- https://www.flowfinder.de/positiv-denken-lernen/ (17.04.2020)
- https://www.lernen.net/artikel/positiv-denken-12-uebungen-optimismus-856/ (19.04.2020)
- https://www.selbstbewusstsein-staerken.net/macht-der-gedanken/ (19.04.2020)
- https://www.selbstbewusstsein-staerken.net/positiv-denken-lernen/ (19.04.2020)

Das Gesetz der Anziehung und die selbsterfüllende Prophezeiung

- https://anchukoegl.com/gesetz-der-anziehung/ (20.04.2020)
- https://karrierebibel.de/gesetz-der-anziehung/ (20.04.2020)
- https://www.lebeblog.de/gesetz-der-anziehung/

(20.04.2020)

- https://mindmonia.com/de/gesetz-der-anziehung/

(20.04.2020)

- https://roadtrip-leben.com/das-gesetz-der-anziehung-teil-1-die-macht-der-gedanken/

(20.04.2020)

Die selbsterfüllende Prophezeiung

- https://www.aerzteblatt.de/archiv/147589/Nocebo-Die-dunkle-Seite-der-menschlichen-Einbildungskraft (21.04.2020)
- https://arbeits-abc.de/glaubenssaetze/ (27.04.2020)
- https://www.deutschlandfunk.de/heilsame-erwartungen-in-der-medizin-placebo-wirkt.740.de.html?dram:article_id=455924 (21.04.2020)
- https://www.imageberater-nrw.de/ib-kompetenzbereiche/psychologie/hintergrundwissen-selbsterf%C3%BCllende-prophezeiung/ (22.04.2020)
- https://karrierebibel.de/selbsterfuellende-prophezeiung/ (22.04.2020)
- https://lexikon.stangl.eu/829/self-fullfilling-prophecy/ (22.04.2020)
- https://www.selbstbewusstsein-staerken.net/macht-der-gedanken/ (22.04.2020)
- https://www.sign-lang.uni-hamburg.de/projekte/plex/plex/lemmata/s-lemma/self-ful.htm (22.04.2020)
- http://wissenschaft-gedankenkraft.blogspot.com/p/zitate.html (22.04.2020)

Dem Teufelskreis des Gedankenkarussells entkommen

- https://www.buecher.de/shop/glueck/anleitung-zum-ungluecklichsein/watzlawick-paul/products_products/detail/prod_id/20939158/ (24.04.2020)
- https://www.flowfinder.de/gedankenkarussell-stoppen-7-tipps/ (24.04.2020)
- https://www.getabstract.com/de/zusammenfassung/anleitung-zum-ungluecklichsein/20807 (24.04.2020)
- https://www.healthyhabits.de/gedankenkarussell/ (24.04.2020)
- https://karrierebibel.de/gedankenkarussell/ (24.04.2020)
- https://mindmonia.com/de/gesetz-der-anziehung/ (25.04.2020)
- https://www.ralph-heymann.de/die-geschichte-mit-dem-hammer/ (25.04.2020)
- https://www.selbstbewusstsein-staerken.net/gedankenkarussell-stoppen/ (25.04.2020)
- https://www.selbstbewusstsein-staerken.net/leben-im-hier-und-jetzt/ (25.04.2020)
- https://www.selbstbewusstsein-staerken.net/loslassen/ (25.04.2020)
- https://www.selbstbewusstsein-staerken.net/vergangenheit-loslassen/ (25.04.2020)
- https://www.selbstbewusstsein-staerken.net/was-andere-ueber-mich-denken/ (25.04.2020)
- https://www.zeitblueten.com/news/gedankenkarussell-gruebeln-stoppen/ (25.04.2020)

Positives Denken im Bereich der Wissenschaft, der physischen und psychischen Gesundheit

- https://arbeits-abc.de/positives-denken/ (28.04.2020)
- https://www.emotion.de/burn-out/burn-out-energie (07.05.2020)
- https://karrierebibel.de/autosuggestion/ (28.04.2020)
- https://karrierebibel.de/positiv-denken/ (28.04.2020)
- https://www.patientenberatung.de/de/gesundheit/gesundheitsinformation/psychosomatische-erkrankungen (28.04.2020)
- https://www.psychotipps.com/Positives-Denken.html (28.04.2020)

Tipps und Tricks: Eine positive Geisteshaltung dauerhaft etablieren

- https://anchukoegl.com/positiv-denken/ (26.04.2020)
- https://www.aphorismen.de/zitat/2402 (26.04.2020)
- https://arbeits-abc.de/glaubenssaetze/ (27.04.2020)
- https://arbeits-abc.de/positives-denken/ (26.04.2020)
- https://arbeits-abc.de/selbstbewusstsein/ (27.04.2020)
- https://doyoursports.de/content/117-hilft-yoga-gegen-stress (05.05.2020)
- https://www.emotion.de/de/work-life-balance/alltag-ohne-stress-3723 (05.05.2020)
- https://www.emotion.de/de/work-life-balance/work-life-balance-6682 (05.05.2020)
- https://www.flowfinder.de/positiv-denken-lernen/ (25.04.2020)
- https://www.headspace.com/de (03.05.2020)
- https://karrierebibel.de/affirmationen/ (26.04.2020)
- https://karrierebibel.de/autosuggestion/ (28.04.2020)
- https://karrierebibel.de/negative-verstaerkung/ (03.05.2020)

- https://karrierebibel.de/positiv-denken/ (26.04.2020)
- https://karrierebibel.de/selbstmotivation/ (28.04.2020)
- https://www.landsiedel-seminare.de/positive-psychologie/positiv-denken.html (25.04.2020)
- https://www.lernen.net/artikel/positiv-denken-12-uebungen-optimismus-856/ (25.04.2020)
- https://www.planet-wissen.de/gesellschaft/psychologie/achtsamkeit/index.html (03.05.2020)
- http://www.psychosomatik.at/uploads/file/Atmung+und+Stress_pdf.pdf (03.05.2020)
- https://www.selbstbewusstsein-staerken.net/achtsamkeitsuebungen/ (03.05.2020)
- https://www.selbstbewusstsein-staerken.net/antriebslosigkeit-ueberwinden/ (03.05.2020)
- https://www.selbstbewusstsein-staerken.net/gedankenkarussell-stoppen/ (26.04.2020)
- https://www.trainee-gefluester.de/tipps/trainee-alltag/work-life-balance (05.05.2020)
- https://www.welt.de/gesundheit/article119770402/Wie-sich-Stress-einfach-wegatmen-laesst.html (03.05.2020)
- https://www.yogaeasy.de/artikel/stress-ausloeser-folgen-und-wie-yoga-hilft (05.05.2020)
- https://www.zeitblueten.com/news/gedankenkarussell-gruebeln-stoppen/ (26.04.2020)

Wir danken Ihnen für Ihr Interesse und Ihr Vertrauen. Als Dankeschön dafür, haben wir eine besondere Überraschung. Damit Sie **jeden Tag ein passendes Mantra** haben, stellen wir Ihnen eine exklusive Liste mit Mantras zur Verfügung. Das Beste daran: Sie erhalten diese vollkommen kostenlos. Das klingt wunderbar? Dann warten Sie nicht lange und holen Sie sich Ihr Gratis-Geschenk.

Hier geht es zu Ihrem Gratis-Geschenk:

https://forms.gle/eBSJsb3i8WFM9mKD8

1. **Öffnen Sie die Kamera-App auf Ihrem Smartphone und richten Sie die Kamera auf den QR-Code.**
2. **Klicken Sie auf den Link, der Ihnen angezeigt wird und schon werden Sie zur Website weitergeleitet.**

Impressum

Herausgeber: Malik & Mähleke GmbH / Ericusspitze 4 / 20457 Hamburg
Kontakt: kontakt@empireofbooks.de
Website: https://empireofbooks.de
Coverbild: Shutterstock

Haftungsausschluss:
Die Nutzung dieses Buches und die Umsetzung der enthaltenen Informationen, Anleitungen und Strategien erfolgt auf eigenes Risiko. Der Autor kann für etwaige Schäden jeglicher Art aus keinem Rechtsgrund eine Haftung übernehmen. Haftungsansprüche gegen den Autor für Schäden materieller oder ideeller Art, die durch die Nutzung oder Nichtnutzung der Informationen bzw. durch die Nutzung fehlerhafter und/oder unvollständiger Informationen verursacht wurden, sind grundsätzlich ausgeschlossen. Rechts- und Schadenersatzansprüche sind daher ausgeschlossen. Dieses Werk wurde sorgfältig erarbeitet und niedergeschrieben. Der Autor übernimmt jedoch keinerlei Gewähr für die Aktualität, Vollständigkeit und Qualität der Informationen. Druckfehler und Falschinformationen können nicht vollständig ausgeschlossen werden. Es kann keine juristische Verantwortung sowie Haftung in irgendeiner Form für fehlerhafte Angaben vom Autor übernommen werden. Die bereitgestellten Analysen, Vorschläge, Ideen, Meinungen, Kommentare und Texte sind ausschließlich zur Information bestimmt und können ein individuelles Beratungsgespräch nicht ersetzen. Alle Informationen dieses Buches entsprechen dem Kenntnisstand zum Zeitpunkt des Verfassens dieses Buches. Eine Haftung für mittelbare und unmittelbare Folgen aus den Informationen dieses Buches ist somit ausgeschlossen.
Informieren Sie sich weitläufig aus unterschiedlichen Quellen und bedenken Sie, dass am Ende nur Sie für die Entscheidungen verantwortlich sind.

Urheberrecht:

Haftung für externe Links:
Unser Angebot enthält Links zu externen Websites Dritter, auf deren Inhalte wir keinen Einfluss haben. Deshalb können wir für diese fremden Inhalte auch keine Gewähr übernehmen. Für die Inhalte der verlinkten Seiten ist stets der jeweilige Anbieter oder Betreiber der Seiten verantwortlich. Die verlinkten Seiten wurden zum Zeitpunkt der Verlinkung auf mögliche Rechtsverstöße überprüft. Rechtswidrige Inhalte waren zum Zeit-punkt der Verlinkung nicht erkennbar.